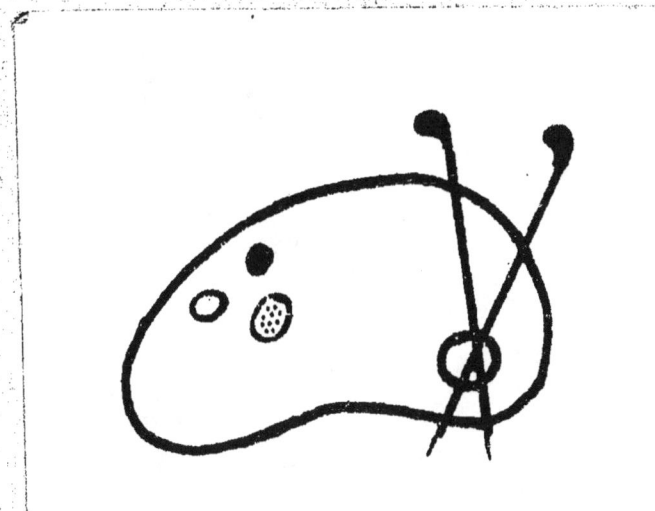

Couvertures supérieure et inférieure en couleur

COUVERTURES SUPERIEURE ET INFERIEURE D'IMPRIMEUR.

LA VIE POUR RIRE

LE FILLEUL
DU
DOCTEUR TROUSSE-CADET

DU MÊME AUTEUR:

LA VIE POUR RIRE

LES FARCES DE MON AMI JACQUES. (Onzième édition). — 1 vol. in-18 jésus. 3 fr. 50

LES MALHEURS DU COMMANDANT LARIPÈTE suivis de LES MARIAGES DE JACQUES. (Douzième édition). 3 fr. 50

LES MÉMOIRES D'UN GALOPIN suivis de : PETITE HISTOIRE NATURELLE (Douzième édition) 3 fr. 50

ARMAND SILVESTRE

LE FILLEUL DU DOCTEUR
TROUSSE-CADET

SUIVI DES

NOUVEAUX MALHEURS

DU COMMANDANT LARIPÈTE

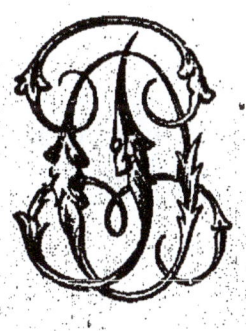

PARIS
PAUL OLLENDORFF, ÉDITEUR
28 *bis*, RUE DE RICHELIEU, 28 *bis*
—
1882
Tous droits réservés.

LE FILLEUL
DU
DOCTEUR TROUSSE-CADET

I

UNE VOCATION

C'est le 28 avril 1831 qu'était né à Château-Bouzin, chef-lieu d'un arrondissement oublié dans presque toutes les géographies, Agénor-Polycarpe Visalœil, fils mineur et illégitime de Céleste-Augusta Visalœil, concierge du théâtre de ladite cité.

On ne lui connaissait pas de père, bien que la ville comptât plus de dix mille âmes, dont plusieurs étaient extrêmement reproductives. En revanche, il avait un parrain excellent qui le chérissait autant que s'il lui eût donné le jour, bien rien de mieux à faire que de passer leur qualité à autrui.

Ah ! oui ! qu'il l'aimait, cet enfant ! Il observait ses moindres actions avec une touchante sollicitude, s'efforçant d'en déduire quelque enseignement précieux pour son avenir, auquel il pensait sans cesse.

Première remarque. Quand il faisait pleine lune, le marmot demeurait en contemplation véhémente devant le disque nocturne, agitant ses petites mains comme à une figure de connaissance et avec des larmes d'attendrissement dans les yeux.

— Ce crapaud sera un grand astronome ! disait sentencieusement le docteur Trousse-Cadet.

Seconde remarque. Quand Agénor-Polycarpe attrapait un hanneton, au lieu de lui attacher bêtement un fil à la patte, comme font les autres enfants, il allait quérir un brin de paille et, s'emplissant la bouche d'eau, lui insufflait du liquide dans le corselet, par les voies naturelles, jusqu'à ce qu'il éclatât.

— Ce moutard sera un aéronaute de génie ! concluait avec orgueil l'excellent médecin.

qu'il n'eût fait qu'accoucher sa maman, ce qui n'est pas, pour l'homme, l'acte le plus agréable de la confection des marmots, — ni pour la femme non plus, d'ailleurs. Ce parrain, qui s'appelait le docteur Trousse-Cadet, était le médecin le plus achalandé de l'endroit, et il n'était pas de famille où quelque héritier ne lui dût un avancement d'hoirie, tant il était obligeant pour les neveux impatients. Sa popularité parmi les fossoyeurs ne se pouvait comparer qu'à celle de Napoléon. Au demeurant, un aimable vieillard que sa femme avait trompé en conscience, ce qui parfait toujours la vie d'un honnête citoyen.

L'intérêt qu'il portait au petit Agénor-Polycarpe Visalœil était-il absolument désintéressé de toute tendresse paternelle? Les mauvaises langues du pays prétendaient qu'il s'était consolé des débordements de son épouse dans les bras de la sensible Céleste-Augusta. Eh bien, après? tas de jaboteurs! Faudrait-il pas vivre à l'ombre de ses cornes comme un limaçon? Et encore les limaçons se reproduisent-ils à leurs moments perdus. Ils font d'autres bêtes à cornes semblables à eux-mêmes. C'est un bon exemple que je recommande à tous les maris trompés qui n'ont

Un événement inattendu devait jeter un jour précieux sur ces premières indications et montrer au docteur Trousse-Cadet le néant de ses premières déductions.

Le poste de Mme Céleste-Augusta Visalœil était fort ressemblant à une sinécure, bien qu'il ne fît pas partie des fonctions de l'État. En effet, le théâtre de Château-Bouzin était fermé à l'état naturel, comme les huîtres quand il ne fait pas soleil. Seulement il arrivait que, de temps en temps, une troupe nomade s'arrêtait, une soirée, dans ce gîte à sous-préfet et y donnait une représentation. C'était alors grande rumeur dans la ville, et le maire M. Ventadour, qui, avant d'être minotier, avait été très mêlé au mouvement romantique, faisait un vacarme d'enfer à son café, fulminant entre deux parties de dominos, injuriant les classiques et lançant des professions de foi littéraires aux quatre coins du billard dont les blouses s'esclaffaient de rire. Un passionné que ce Ventadour, et qui avait jeté son cri comme un

autre dans la grande tempête. Ce cri s'était
appelé chez un éditeur mort de faim : *Les Pétarades de Satan,* symphonies infernales en vers
de toute mesure. Le pauvre diable ne trouvait
que rarement à exhaler les restes d'un feu qui
s'éteint, — suivant un mot célèbre, — parmi ses
concitoyens, lesquels exerçaient de concert les
nobles professions de charcutiers, bourreliers,
épiciers, avec lesquelles ils cumulaient le sacer-
doce de gardes nationaux. Aussi quand, par hasard, le chariot de La Rancune s'arrêtait dans la
cité dont il mariait les enfants, était-ce pour lui
une joie folle et une occasion unique de vaticiner
publiquement. Les sourds qui n'avaient encore
perdu qu'une oreille pouvaient faire leur deuil de
la seconde en toute sécurité.

Or, il advint que les murs se couvrirent d'affiches annonçant, pour le dimanche suivant, une
représentation unique de *Lucrèce Borgia !* Et
quel programme ! chaque acte spécifié par un
sous-titre ! Gennaro devait être représenté par
M. Bélisaire, premier sujet du grand théâtre de
Montélimar, et Lucrèce avait pour interprète
Mlle Robinet-Dorval, dont le nom seul en disait
assez.

M. Bélisaire s'appelait tout simplement, dans la vie civile et familière, Thomas Baudet et Mlle Robinet n'avait rien de Dorval que la fantaisie d'une illustre et imaginaire parenté. De vous à moi, elle s'appelait Eulalie Pochard. Mais qu'est-ce que cela fait, puisqu'elle avait de grands beaux yeux pleins de flamme, une bouche adorablement meublée, des cheveux à revendre aux perruquiers, le corsage bien garni et les hanches moelleusement rebondies ? Une bonne fille avec ça et colère comme un dindon ! Elle avait des moments de fureur et de jalousie durant lesquels, — elle-même en convenait, — elle était capable de tout. Elle adorait Thomas, qui était peut-être moins incrédule que son devancier, mais était certainement plus infidèle. — De là des scènes fréquentes dans lesquelles elle n'hésitait pas à prononcer contre son amant des paroles de mort et d'épouvantables menaces. — Tout cela se réduisait ensuite à des soins touchants et à mille attentions féminines. C'est ainsi qu'elle lui préparait, chaque soir, pendant qu'il était en scène, un grog dont elle avait le secret, plus américain que sir Arthur Chester lui-même, et dont les principes réconfortants étaient agréables à tous deux, par leur tonifiante vertu.

Le soir de la représentation dont je parle cependant, la querelle avait été si vive que les camarades de Thomas avaient tous dit entre eux : — Elle finira par le tuer comme elle le dit !

Et les gredins n'en étaient pas autrement fâchés ! car ils étaient prodigieusement jaloux du beau Bélisaire et les mille prévenances de sa bonne amie étaient pour eux l'objet d'une envie sourde et haineuse. Le fameux grog, en particulier, dont il avait le monopole, avait le don d'exaspérer ces mauvaises natures. — « Si nous pouvions le lui chiper et le boire ensemble à sa place ! » Tel était le détestable sentiment qui agitait ces âmes sans élévation et ces cœurs sans au delà.

Mais la porte de la loge de Bélisaire était toujours soigneusement fermée par Eulalie dès qu'elle en sortait.

Ce soir-là, cependant, dans la débâcle de la lutte, elle était demeurée entr'ouverte. Mais un observateur inattendu en avait profité avant eux.

Le petit Visalœil qui avait alors une quinzaine d'années et qui, en sa qualité de fils de la concierge du théâtre, possédait, de plus, le privilège de rôder partout comme un furet, s'était bien vite aperçu de cette distraction et en avait profité pour se glisser dans le sanctuaire de Bélisaire Adonis. Toucher à tout était sa manie, ce qui avait fait penser au docteur Trousse-Cadet qu'il deviendrait un antiquaire illustre. A côté du grog fumant destiné à Gennaro, était, dans un godet de porcelaine, une poudre blanche réservée pour composer une pâte faciale pour le visage de Lucrèce, une de ces mille crèmes dont les actrices se barbouillent avant d'entrer en scène. Notre gamin trouva tout à fait plaisant de la verser dans le verre, pensant que ce fût du sucre râpé. Puis, enchanté de son espièglerie, il se sauva comme un lièvre en entendant du bruit.

Deux minutes après, les mauvais camarades de Bélisaire avaient avalé son grog à la hâte, chacun en prenant une gorgée à son tour, pour ne pas faire de jaloux.

— Messeigneurs, vous êtes tous empoisonnés !

Mlle Robinet-Dorval, furieuse qu'on eût volé le grog de Bélisaire, prononça ces mots célèbres avec je ne sais quoi de si sombre dans les yeux et de si terrible dans la voix qu'un frisson d'horreur parcourut la salle tout entière. Les figurants eux-mêmes à qui s'adressait cette aménité en furent impressionnés; d'autant qu'au même instant une morsure de tenaille les prit au ventre. La pensée est rapide en pareil cas. Tous eurent la même : la jalouse créature avait enfin mis à exécution sa menace ! Le grog de son amant était vraiment empoisonné ! Ils allaient mourir pour de bon !

Et la terreur doublant le trouble de leurs entrailles, les pauvres diables se prirent à se rouler par terre en poussant des cris inhumains, tant la colique les torturait.

— Assez ! assez ! cria-t-on dans la salle.

1.

Quelques imbéciles se mirent à se tordre de rire.

— Bravo ! bravo ! s'écria le maire Ventadour au comble de l'enthousiasme.

Et comme les choses s'accentuaient dans tous les sens :

— C'est dégoûtant ! crièrent quelques gommeux.

— C'est sublime ! répliqua l'auteur des *Pétarades de Satan*.

Et injuriant ses administrés à plaisir :

— Tas d'épiciers ! tas de Racines ! tas de Boileaux ! hurlait-il. Vous ne voyez donc pas qu'on en a fini avec les conventions d'Aristote et qu'enfin le théâtre est émancipé !

Et, de ses larges mains, il applaudissait aux grimaces épouvantables des figurants, les prenant pour un excès de naturalisme et de réalité dans l'interprétation du drame.

Cependant le docteur Trousse-Cadet dut accourir. On baissa le rideau et l'enquête se fit avec une foudroyante rapidité. La vérité éclata. Il fut reconnu que la poudre blanche ingérée par les mauvais plaisants était à base de magnésie. Mais quand Trousse-Cadet eut appris que c'était le petit Agénor-Polycarpe qui avait fait cette ingénieuse et vénéneuse mixture, prenant l'enfant dans ses bras avec un délire d'enthousiasme :

— Tu seras pharmacien, ô mon fils ! s'écria-t-il tout rayonnant d'une paternelle fierté.

Et, de fait, un mois après, il l'envoyait à Paris pour y étudier l'art d'empoisonner ses contemporains suivant des formules incontestables.

Ainsi commença la carrière de M. Visalœil dont j'entends faire, si vous le voulez bien, un des nouveaux personnages du roman à bâtons rompus dont le commandant Laripète et mon ami Jacques ont été les premiers héros.

II

PREMIÈRES AMOURS

« Mon vieil ami,

» Permets-moi de t'adresser mon filleul, Agénor-Polycarpe Visalœil, un enfant de seize ans qui me paraît devoir être un jour un apothicaire d'élite. Je te serai vivement reconnaissant de le piloter à son arrivée à Paris, et de le guider dans ses premières études. Je l'aime comme un fils et donnerais tout au monde pour le voir réussir. Tu l'auras bien vite jugé : c'est un garçon qui a du flair et de l'adresse manuelle, le coup d'œil juste et du brio dans l'exécution ; en un mot, tout ce qu'il faut pour se pousser dans le monde et y faire son trou. En m'accusant réception de mon protégé, tu me donneras des nouvelles de cette bonne Mme Louffard et de ta charmante fille Eulalie. Es-tu toujours content ? Ici nous avons une mortalité excellente. Le climat était déjà détestable, mais l'installation de quelques fabriques a achevé d'y empoisonner l'air à souhait. J'ai eu deux cent dix-sept décès dans mon année ! Je désire que la présente te trouve de même, et je t'envoie les meilleurs souvenirs de

» Ton vieux camarade,

» Dr Trousse-Cadet. »

Château-Bouzin, 1er novembre 1847.

— Quel vieux farceur que ce Trousse-Cadet ! dit le docteur Louffard en repliant cette épître. Je le connais, ce filleul qu'il aime comme un fils ! Ça va être amusant d'être le correspondant de ce jeune drôle qui ne voit peut-être dans la pharmacie qu'un prétexte à relâchements !

— Mon Dieu, Francisque, combien vous êtes stupide ! riposta Mme Louffard en quittant des yeux le bas qu'elle était en train de repriser. Si ce jeune polisson, pour qui je me sens déjà de l'estime, est vraiment le fils et non le filleul de votre ancien camarade Trousse-Cadet, il y a beaucoup à parier que celui-ci en fera son héritier. Or, Trousse-Cadet, pas plus que vous, ne tue les gens pour rien. Conclusion : Un excellent parti pour notre fille Eulalie.

— Pas bête, ma femme ! Embêtante quelquefois, mais jamais bête ! ajouta M. Louffard. Il est positif qu'Eulalie, avec ses goûts romanesques, ne trouvera pas facilement un mari. Un apothicaire est vraiment le fait d'une fille qui est toujours dans la lune. Ils s'y rencontreront.

— Voilà une plaisanterie de bien mauvais goût, Francisque. Il est vrai, Eulalie est parfaitement toquée, mais le mariage est quelquefois un remède à cet état de choses chez les jeunes personnes du monde. Ce que vous écrit votre ami des qualités de son émissaire me fait penser qu'il a tout ce qu'il faut pour calmer l'exaltation de cette pauvre enfant. Un coup d'œil juste, de l'adresse, du brio...

— Soit, Polymnie. Nous comblerons ce petit animal de prévenances et, s'il ne répond pas à nos bienfaits en nous débarrassant de notre Eulalie bien-aimée, nous aviserons et nous sévirons. Dieu merci, la pharmacie est encore l'esclave de la médecine et ces droguistes en délire ne débitent que les poisons autorisés par nous.

❀

Inutile d'ajouter que notre héros Agénor-Polycarpe Visalœil fut reçu à bras ouverts dans la famille Louffard et que son entrée y fut fêtée avec autant de fricandeaux que celle de l'enfant prodigue lui-même dans les lares paternels.

Agénor-Polycarpe Visalœil était alors un garçon long et mince, aux yeux bleus comme ceux des faïences nocturnes, aux cheveux jaunes comme le chanvre, dégingandé et maladroit de sa personne, mais infiniment prétentieux. Les idolâtries de son parrain Trousse-Cadet l'avaient grisé. Sans avoir encore rien appris, il se croyait le codex fait homme. Il ne parlait que par ordonnances, d'une voix en pleine mue, mais doucereuse et comme emmiellée de julep.

Le portrait de Mlle Eulalie sera infiniment plus séduisant. Petite, brune, avec des yeux de velours noir brossé à rebrousse-poil, l'œil éveillé comme une souris et caressante comme une chatte, bien prise et rondelette dans sa taille exiguë, un pied tout à fait mignon et des mains valonnées de ravissantes fossettes, c'était une créature appétissante et bien en chair, vivante comme un cent de diables. Elle adorait ce qu'on est convenu d'appeler, dans les familles, « les mauvaises lectures ». La fausse poésie de ses dix-neuf printemps de petite bourgeoise s'exhalait en besoins fous d'indépendance et en saugrenuités que ses parents prenaient pour du génie. Elle écrivait elle-même des romans qui eussent dégoûté M. Louis Énault lui-même, et des vers dont les rimes étaient tellement pauvres qu'on les eût refusées dans des maisons de refuge. Pas plus bête qu'une autre avec cela, car comme l'avait fort bien dit monsieur son papa tout à l'heure, les femmes sont souvent embêtantes, mais bêtes rarement.

Cette Juliette des Batignolles eut bien vite jugé le Roméo de Château-Bouzin que lui expédiait un hasard infiniment moins intelligent que Shakespeare. Les gargouillades que lui décocha Agénor-Polycarpe Visalœil, en manière de soupirs, la laissèrent froide. Mais elle vit dans ce nouveau venu un prétexte à émancipation, un sujet de délivrance et, loin de le rebuter, elle le cajola avec la divine hypocrisie qui fait de ses pareilles des monstres aimables et civilisés.

— Oui, Agénor, je veux que vous m'enleviez !
Un jeune homme qui n'est pas capable d'enlever
sa fiancée ne saurait être le mari énergique qu'il
me faut.

— Je brûle de vous enlever, Eulalie, mais je
trouve ça parfaitement idiot. Ne vous prouverai-
je pas infiniment mieux mon amour en achetant,
sitôt mes examens passés, avec les deniers du
parrain Trousse-Cadet, une bonne pharmacie où
je vendrai cent sous ce qui n'en vaut que deux ?

— Zut !

— Vous avez réponse à tout. Et puis, vous enlever n'est pas une chose déjà si commode, outre
qu'elle est indélicate au dernier chef, après les
bienfaits dont vos parents m'ont comblé. Je vous
ferai observer que monsieur votre père et madame votre mère sont toujours là.

— C'est ce qui vous trompe. Il dînent ce soir
en ville.

— Sans vous ?

— Sans moi. C'est chez un spécialiste où il

paraît qu'une jeune fille serait fort déplacée. Des bêtises ! S'ils savaient tout ce que je sais ! Mais n'importe. L'occasion est magnifique pour prendre ensemble de la poudre d'escampette.

— Vous y tenez ?

— Tellement que si ce n'est pas vous qui m'ouvrez ma cage, je m'adresserai à un autre.

— N'en faites rien.

— Alors vous consentez ?

— Comment donc ! Je vous attends à six heures et demie dans un fiacre devant le Théâtre-Français.

— Et nous irons dîner chez Magny ?

— Si vous l'exigez.

— Et nous irons à Bullier après ?

— Hein ? vous connaissez Bullier ?

— Oh ! de réputation seulement.

— Il me semble que pour une jeune fille qui sort de chez ses parents, c'est bien vite...

— Si ça vous ennuie, je trouverai bien quelqu'un qui me donnera le bras jusque-là.

— Non ! non ! j'aime encore mieux que ça soit moi. Tout est convenu, Eulalie, et je vous adore !

— A six heures et demie, mon ami. Vous

m'achèterez de la poudre de riz et tout ce qu'il faut pour avoir l'air d'une cocotte.

Il était une heure du matin quand nos deux amoureux regagnèrent le gîte d'Agénor-Polycarpe Visalœil, rue de la Harpe, 17, après avoir dansé comme des perdus et pris beaucoup d'abominables consommations. Le futur apothicaire avait même fort sagement réclamé contre la tolérance qui permet aujourd'hui aux limonadiers de vendre des liquides aussi désagréables au goût et aussi vénéneux que ceux des pharmaciens eux-mêmes. Cette concurrence déloyale des cafetiers l'avait indigné plus que je ne saurais dire. Eulalie, elle, chantait dans la rue à plein gosier. Un ami les accompagnait, Jacques Moulinot, alors étudiant en droit, un beau gars que vous connaissez et qu'ils avaient rencontré dans les salons de M. Bullier. Eulalie avait tout de suite insisté pour qu'il ne les quittât plus. Car ce robuste farceur, gai à voir comme une pivoine et bruyant à entendre comme un feu d'artifice, était bien mieux son fait que le fluet Agénor. Jacques, qui avait du flair et que n'avait jamais incommodé un excès de délicatesse envers ses amis, avait saisi la situation en homme habitué à ce genre de bonnes fortunes. Il s'était appliqué au jeune ménage, côté de la femme, avec l'obstination d'une ventouse.

— Est-ce que tu ne souperais pas? dit-il, en arrivant chez le jeune Visalœil.

— Moi! mais je n'ai pas faim du tout! répondit celui-ci.

— Si fait, moi! dit à son tour Eulalie. Agénor, faites-moi l'amitié d'aller acheter une langouste et un perdreau froid, plus une bouteille de bordeaux et quelques biscuits.

— Mais tous les marchands sont fermés à cette heure avancée de la nuit!

— Vous chercherez, mon amour, et ce sera bien le diable, si, en allant jusqu'au faubourg Montmartre, vous ne trouvez pas quelque négociant borgne heureux de se débarrasser, au triple de leur valeur, de victuailles qu'il n'a pu détailler dans la journée.

— Veux-tu un cigare pour t'abréger le chemin? dit obligeamment Jacques Moulinot.

— Non, monsieur, riposta Agénor, furieux de laisser en tête-à-tête Eulalie avec cet impertinent.

Mais, comme il avait pris le pli fâcheux d'obéir en toutes choses, il sortit néanmoins.

Il était trois heures du matin quand il revint avec les comestibles demandés, harassé et mouillé par une pluie fine de décembre. Une obscurité complète régnait dans la chambre.

— Bon ! dit-il, Jacques aura enfin pris son parti de s'en aller. Ce n'est pas fâcheux !

Il allait frotter une allumette ; mais il pensa qu'il y avait une pudeur à respecter dans la précaution qu'avait prise Eulalie d'éteindre toutes les lumières.

Il se résigna à se déshabiller à tâtons et le fit le plus silencieusement qu'il le put.

Ah ! son cœur d'amoureux battait ferme quand, ayant soulevé les rideaux, toujours sans rien voir, il risqua une jambe sous les draps.

Un mugissement formidable, monstrueux, terrifiant, répondit à cette audace. Agénor, épouvanté, alla rouler trois pas en arrière.

— Un cauchemar ! pensa-t-il, une illusion ! quand le sang-froid lui fut revenu.

Et il tenta une seconde épreuve. Cette fois-là,

un cri aigu, désespéré, plein de colère et de menaces, s'exhala de sa couche.

N'y tenant plus de frayeur, il courut à son briquet. La chambre s'éclaira et un spectacle effroyable frappa sa vue. Dans son lit, le docteur Louffard, en personne, couvert de noirs, meurtri, languissant, était étendu. Le pauvre homme, en venant réclamer sa fille à son ravisseur, était tombé sur Jacques, qui, pour se tirer d'affaire et protéger, en même temps, la fuite d'Eulalie, n'avait rien trouvé de mieux que de souffler les bougies et de lui administrer une épouvantable roulée. Quand il l'avait senti inanimé seulement, il avait eu la pitié de le coucher avant de s'enfuir.

— Misérable ! murmura le malheureux Louffard, en apercevant Agénor. Car, grâce à la précaution de Jacques il était convaincu que c'était le petit Visalœil qui l'avait si inhumainement battu.

III

LE MOINEAU DE LESBIE

C'était un jour de printemps et c'était, ce jour-là, fête dans la nature. Un tiède soleil, tamisé par les verdures naissantes, venait repasser, de ses rayons amortis, les blanches collerettes des marguerites. Les clochettes sauvages que secouait, dans l'herbe, un zéphyr caressant sonnaient une messe muette à l'hyménée des bêtes amoureuses. Les grands lis se balançaient comme des encensoirs et les premières roses souriaient aux papillons encore endoloris de l'hiver. C'était un bruissement sans fin de la cime des arbres où chuchotaient les nids aux racines de la mousse épaisse et vivante d'insectes. Le renouveau chantait sur toutes les branches et, sur l'eau, mille frissons d'argent couraient, diamantés par la lumière. Sur l'azur pâle encore du ciel, des nuages voguaient avec des gonflements de voiles blanches. L'odeur des jasmins et des jacinthes soûlait les libellules frileuses encore. Tout était amour et volupté dans le monde des choses et des êtres.

Un moineau, qui portait au front une plume blanche comme la mèche des Scylla, paraissait, entre tous, enivré de cette joie d'avril. Échappé de sa cage, il voletait maladroitement en poussant des cris, et s'abattait, après de courtes envolées, sur le sable pour s'y baigner dans la chaleur de l'air. Soudain une casquette lancée par une main perfide le couvrit et deux mains le saisirent dans sa prison de soie.

Le jeune Agénor-Polycarpe Visalœil était en vacances, — car Pâques venait de tinter le rappel des cloches envolées — et, portant au dos une de ces boîtes vertes que les naturalistes affectionnent, il courait la campagne, herborisant et insectisant, comme doit le faire un jeune apothicaire soucieux de son art. Il n'était fleur discrète qu'il ne coupât vive pour l'aplatir dans son herbier et bête innocente qu'il ne poursuivît dans le but odieux de la piquer sur un bouchon. Chacun prend son plaisir où il le trouve. Celui de ce drôle était de martyriser les plantes et les coléoptères au profit de ses collections. Et notez qu'il était amoureux, ce qui, d'ordinaire, attendrit l'âme ! Il était amoureux de Mlle Lesbie Ventadour, fille du maire de sa patrie, une charmante fille de seize ans, blonde comme un bock de bière de Munich, blanche comme une hostie, sentimentale comme une serinette, et que son père aurait volontiers donnée en mariage à Agénor, à cause du parrain de celui-ci, le docteur Trousse-Cadet, qui avait parlé d'en faire son héritier. Pauvre Lesbie ! Les dieux ont-ils conçu l'image immortelle de la Beauté pour l'encadrer entre deux bocaux de pharmacie ?

Vous avez déjà deviné que la casquette tombée inopinément sur l'échine du moineau imprudent appartenait à Agénor. Quand il fut maître de la petite bête, comprimant ses ailes frémissantes entre ses vilains doigts de pousse-seringue, il l'étrangla congrûment, sans pitié pour ses cris convulsifs. Le monstre avait son idée.

Huit jours après, c'était la fête de Mlle Lesbie. La jeune fille était étrangement mélancolique depuis une semaine, mais aux étrangers et à Agénor, quand ils lui demandaient la cause de sa tristesse : — Vous vous moqueriez de moi, se contentait-elle de répondre. Cependant le maire Ventadour traitait ses voisins à l'occasion de cette solennité. Inutile de dire que le docteur Trousse-Cadet et son filleul étaient au nombre des invités. Mais lui aussi, Agénor Polycarpe, était soucieux depuis le matin. Il avait attrapé, la veille, un magnifique cerf-volant aux ailes brunes et luisantes comme un bronze corinthien, et s'était promis de le placer au centre d'une de ses vitrines, crucifié sur un siège d'honneur. Mais quand il avait voulu réaliser ce rêve de tortionnaire, il avait vainement cherché le scarabée évidemment échappé de la cage de zinc dans laquelle il l'avait emprisonné. En vain avait-il fouillé et refouillé dans tous les coins de son cabinet. Le captif avait su découvrir quelque impénétrable retraite. A bout de tentatives inutiles, il s'était résigné à s'habiller pour aller apporter un bouquet à celle qu'il regardait déjà comme sa fiancée. Quand je dis un bouquet, je parle par figure. En effet, l'objet que le galant matassin avait enfoui dans un long cornet de papier pour faire son offrande ne ressemblait à rien moins qu'à une gerbe de fleurs. Il l'avait caché dans son enveloppe avec l'empressement jaloux d'un homme qui mijote une surprise. Le docteur Trousse-Cadet lui-même n'avait pas été son confident. Mais il se reposait pleinement sur le goût de son filleul. — Voilà un gaillard, avait-il dit, qui va offrir à sa future quelque plat de son métier.

Avec ça que les plats du métier d'apothicaire sont jolis !

Le dîner fut gai. C'était au dessert seulement que Mlle Lesbie devait recevoir les présents des convives. Le maire Ventadour avait bien fait les choses. Le docteur Trousse-Cadet haletait positivement sous son gilet noir, étant devenu le champ de bataille intérieur d'un civet de chevreuil en insurrection contre un plat de tomates farcies. Des goujons ingurgités sans leur consentement attisaient la discorde entre le gibier exaspéré et le légume hors de lui. Que celui qui n'a jamais senti en soi se disputer quelque victoire de ce genre jette la première pierre à cet incontinent fils d'Esculape ! — dans son jardin, bien entendu, et non dans sa vessie où c'est beaucoup plus désagréable. Pendant ce combat, l'heure des petits fours était venue et Agénor ne pouvait manquer d'en profiter. Après avoir laissé défiler la troupe des cadeaux prévus, bonbonnières, boîtes à ouvrage, douzaines de mouchoirs, etc., etc., il tira, à son tour, de sa poche le don qu'il avait préparé dans le silence mystérieux de son amour. C'était le moineau iniquement étranglé et qu'il avait empaillé lui-même avec du crin de choix. O ironie ! il avait mis au pauvre mort deux petits yeux en jais noir rayonnants de gaieté et avait infléchi ses ailes inertes dans l'attitude joyeuse d'un oiseau qui va prendre son essor. C'était exquis, et un vieil huissier n'eût pas souhaité d'autre ornement à sa cheminée.

Mais, en apercevant la plume blanche et caractéristique qui empanachait le chef du volatile, Mlle Lesbie devint pourpre et, se levant de table avec colère :

— Où avez-vous pris cet oiseau ? s'écria-t-elle.

— Mais dans le jardin, où il se promenait.

— Et c'est vous qui l'avez tué ?

— Pour vous l'offrir, ma belle fiancée ?

— Animal ! misérable !

Une énorme claque sonna sur la joue d'Agénor et la jeune fille, fondant en larmes, cacha sa jolie tête éplorée dans sa serviette. Le motif de son chagrin secret depuis une semaine, c'était la fuite de cet oiseau qu'elle avait élevé à la becquée et qu'elle aimait comme si elle-même l'eût couvé, ce qui n'eût pas été déplaisant pour l'œuf, de vous à moi.

— Bête sauvage ! reprit-elle plus exaspérée encore. Je voue ton cœur à un remords éternel?

— Aïe ! s'écria Agénor, en portant vivement la main à sa culotte, et en faisant une grimace de tous les diables, comme si le remords évoqué se fût glissé subitement en lui par un endroit que vous devinerez. Aïe ! aïe ! aïe !

Et il se mit à se rouler par terre en gigotant comme un lièvre blessé.

— Ah ! mon Dieu !

Et le docteur Trousse-Cadet, se précipitant sur son filleul, se mit à le déshabiller en deux temps pour reconnaître le siège du mal.

Ce ne fut pas sans surprise qu'il aperçut, au plus gras de son protégé, un énorme coléoptère qui lui avait planté en pleine chair ses deux cornes arrondies en tenailles. C'était le cerf-volant échappé qui, s'étant blotti dans le pantalon d'Agénor, se vengeait ! Inutile de dire que Mlle Lesbie s'était sauvée. Elle ne voulut revoir de sa vie l'infortuné Visalœil, au grand désespoir de ses parents et du docteur Trousse-Cadet.

Que cela vous apprenne, naturalistes du diable, à déranger les innocentes bêtes qui goûtent la paix amoureuse d'un premier jour de printemps !

IV

LE CANICHE EN GOGUETTE

Une petite salle longue et enfumée s'ouvrant sur la rue Monsieur-le-Prince, par une porte à persiennes et à deux battants d'un vert horriblement criard ; derrière les vitres toujours sales, quelques rosiers agonisants dans leurs pots. A l'intérieur, des murs barbouillés d'esquisses infâmes, natures plus que mortes, paysages de banlieue, portraits-chargées, scènes de la Chaumière et souvenirs de Joinville-le-Pont. Des tables sur lesquelles on eût pu écrire son nom dans la graisse avec le bout de son ongle ; les divans rendant le crin à tous les angles et dont le velours rouge avait des affaiblissements décolorés tout à fait navrants. A l'entrée, à gauche, un comptoir auquel était assis un ménage composé d'un patron visiblement préoccupé de ressembler à Mélingue, et d'une patronne aux formes rebondissantes, alourdies cependant par l'inaction du métier et comme tassées par l'abus constant du siège ; celui-ci lisant les brochures et celle-là tricotant à perpétuité derrière les petites collines de sucre concassé qui se dressaient sur de minuscules plateaux de zinc imparfaitement argenté. — Dans le jour, des filles en cheveux mangeant des côtelettes à trois heures de l'après-midi, ou jouant au besigue entre des verres de café pâle et tiède ; quelques jeunes gens en béret et fort mal mis fumant mélancoliquement des pipes de deux sous dans des poses de sultans décavés. — Le soir, un vacarme effroyable ; les demoiselles qui avaient mangé leurs côtelettes à trois heures, soûles comme des grives, glapissant, riant ou pleurant au milieu d'un monde de braillards chantant des cochonneries, hurlant des vers entre deux hoquets, criant de la politique — tout cela dans un nuage de cigarettes et de bouffardes d'où le couple du comptoir émergeait comme une façon d'apothéose. Tel était, il y a quelque vingt-cinq ans, un des caboulots les plus renommés du *Quartier*. J'ai écrit : *Le Caniche en délire*, tenu en ce temps-là par M. et Mme Tourtebatte.

Ceux qui s'étonnent aujourd'hui de l'extraordinaire médiocrité des générations qui se succèdent, depuis dix ans, au pouvoir, sont vraiment d'une naïveté touchante. Ils ne se sont jamais demandé probablement où la légion de politiciens et d'avocats, d'ambitieux et de ratés qui nous gouvernent avait parachevé ses chères études, pendant les dix-huit ans de tranquillité qui tiendront une place d'honneur dans l'histoire de l'abrutissement des nations. Ils auraient tort d'accuser le régime actuel de cette magnifique éclosion de sottise. Le temps n'a fait que couver les œufs pondus par le régime précédent. Ouvrez, s'il vous plaît, messeigneurs, ces deux livres déjà un peu oubliés qui s'appellent : *La Vie de Bohème* et *le Quartier Latin*. Henri Murger, qui passait pour un grand poète dans les sous-brasseries de Montmartre et dans les salons de Napoléon III, demeura du moins l'historiographe du système d'éducation virile auquel fut soumise la jeunesse de son temps. On m'assure que Colline est aujourd'hui de l'Institut. C'est possible. Il se peut même que M. Cabanel se soit appelé Schaunard avant d'être le Raphaël de Montpellier. Mais qu'est-ce que cela prouve ? Nous repasserions insensiblement à l'état de gorilles que vraisemblablement nous conserverions jusqu'à la fin une Académie française et une école des Beaux-Arts, voire un Conservatoire avec des professeurs de bredouillage.

Mais n'anticipons pas. *Di avertant omen !* eût dit Janin. Je dis simplement qu'il serait temps d'en finir avec la fausse poésie de cette légende qui n'est celle ni de la jeunesse ni de l'amour, roman naturaliste et néanmoins pitoyable qui ne plut tant aux bourgeois et aux repus que parce qu'il consacrait, dans une forme joyeuse, l'abaissement de tout idéal inquiétant et le néant de toute révolte généreuse.

Et maintenant je reviens au *Caniche en goguette,* au ménage Tourtebatte et à leurs clients, parmi lesquels nous retrouverons quelques amis. Car, moi qui vous parle et qui suis un vieux de la vieille, j'ai connu, non pas ce temps-là lui-même, mais la queue de ce temps-là, et j'ai fréquenté des sous-Colline et des Schaunard de contrebande, voire même des Rodolphe en bronze d'aluminium. Ceux-là ne m'ont pas donné le regret

D'être venu trop tard dans un monde trop vieux

pour avoir le plaisir de connaître les autres.

Oui parbleu, nous avons des amis dans la place : Jacques qui faisait alors son droit, ayant renoncé prématurément au service, Anselme Crépinet, de la maison Crépinet et Cascamille, alors clerc de notaire, Agénor-Polycarpe Visalœil en train d'achever, à cette époque, ses études pharmaceutiques, Clodomir le vertueux passeur de thèses, etc.., plus beaucoup de petites dames dont j'ai naguère esquissé les silhouettes, filles de plaisir, frêles idoles de chair, trésors de bêtise et de mensonge dont la mémoire met pourtant, pour moi, dans ce monde entrevu, comme un parfum de roses flétries.

Un trait bien caractéristique de M. Tourtebatte, c'était le vague espoir qu'il avait de rentrer dans ce qu'il appelait : *ses crédits*, en utilisant les professions de ses habitués à son profit. C'était une façon de payement en nature que ceux-ci se gardaient bien de lui refuser. C'est ainsi qu'en sa qualité de basochien, Anselme Crépinet était préposé au contentieux du *Caniche en goguette* ; que Jacques, qui savait juste assez de *Pandectes* pour se faire refuser à tous ses examens, décidait, dans la maison, des questions de haute jurisprudence et d'économie politique ; que le nommé Jonathan Babiroussin, ayant été flanqué à la porte de l'atelier de Drolling, avait été chargé de la décoration des murailles ; qu'un certain Gaspard Chippenouille, qui avait eu un prix de versification à l'Académie, était volontiers requis de composer des chansons et des réclames en vers pour l'établissement, outre les sonnets faux qu'il décochait à ces dames. Quant à Agénor-Polycarpe Visalœil, héros de la présente histoire, son titre d'élève-apothicaire lui avait valu, à l'unanimité, le service médical du caboulot. Il n'était pas une indigestion, pas un mal de dents, pas un panaris, pas une colique venteuse ou non, qui ne lui valût les honneurs d'une consultation gratuite et obligatoire. Cette spécialité (vous remarquerez combien j'ai été discret dans mon énumération) lui valait d'ailleurs toutes les bonnes fortunes qu'un sexe fragile, mais peu généreux, eût vraisemblablement refusées à son minois chafouin, à sa taille mal prise, à son long nez de matassin et plus encore à son indigence. Mais vous n'êtes pas sans avoir remarqué l'extraordinaire confiance que les femmes accordent aux pharmaciens. Si Don Juan revenait au monde, il troquerait, soyez-en convaincu, son inutile épée contre un codex. et c'est avec une seringue qu'il tuerait le Commandeur, plus traîtreusement encore.

O Mozart, où es-tu ? Va vite étudier, grand homme, le *Médecin malgré lui* de ton neveu Gounod !

— Mon Dieu, madame Tourtebatte, qu'y a-t-il?

Et Agénor-Polycarpe Visalœil se précipita, d'un mouvement empressé, mais néanmoins solennel, vers un groupe où, dans le coin le plus sombre du caboulot, la grosse femme pleurait, entourée et consolée par toutes les drôlesses qui formaient sa compagnie.

— Théophile est au plus mal ! sanglota la malheureuse.

Théophile n'était pas, comme vous pourriez le croire, le prénom de M. Tourtebatte, mais bien le nom tout entier d'un singe que l'abondante titulaire du comptoir aimait certainement beaucoup plus que son mari.

Et, de fait, le pauvre Théophile était étendu sur les genoux de celle-ci, piteux comme un homme à qui le naucher Caron offre une partie de canotage, le poil humide et hérissé, roulant les angoisses finales dans ses petits yeux d'un brun clair, les mâchoires claquantes, tel, en un mot, qu'une bête dont le foureur jovial attend la peau.

Et toutes ces dames devisaient sur son mal avec une loquacité désespérante.

— Il ne fallait pas lui donner de crevettes ! s'écriait Fanny la Yole, une blonde qui adorait le canot.

— Je vous dis que c'est le sucre qui l'a tué ! ripostait Mélie l'Andouille, une brune dont l'esprit était rare.

— Il faudrait lui donner du vulnéraire suisse ! proposait Claudine Mouchard.

— On le guérirait bien vite en lui frottant le ventre avec une flanelle bénite, affirma Zoë la Gosse.

— C'est une guenon qu'il lui fallait. Ces bêtes-là, c'est comme les hommes ! concluait la rousse Maria.

— Avec ça qu'il en avait besoin ! répondait la sceptique Pauline en haussant les épaules.

— Allez donc chercher bien vite une purge, Mélina !

— Mais non, c'est un vomitif qu'il faut prendre, Charlotte...

— Vous tairez-vous, tas de femelles ! et vous mêlerez-vous de vos affaires !

En lançant cet anathème de la science véritable au nez de la superstition grossière des commères, Agénor-Polycarpe Visalœil était vraiment beau à voir. Un frisson courut parmi ces affolées, qui s'écartèrent avec respect pour faire place au nourrisson déjà prétentieux de la Faculté.

Agénor-Polycarpe Visalœil prit, à son tour, le petit animal, le fit crier deux ou trois fois, en lui pressant sur le ventre, comme on fait aux petits chiens à quatre sous des bazars, lui ouvrit de force la bouche avec une fourchette et regarda sa langue décolorée ; puis, d'un ton à intimider Mirabeau lui-même :

— C'est de l'anémie, fit-il. C'est très grave. Nous allons essayer d'un réactif violent sur les voies intestinales.

Et, pareil au docteur Miracle, des *Contes d'Hoffmann*, il disparut dans la cuisine pour préparer lui-même le julep postérieur qu'il avait conçu.

— Ah ! sauvez-le ! avait clamé la pauvre Mme Tourtebatte en le voyant s'enfoncer dans l'antre mystérieux des biftecks en similicuir et des gibelottes de matou.

Pendant ce temps, de riches étrangers étaient entrés au *Caniche en goguette,* pour faire fort heureusement diversion. Vous croyez que je plaisante ? Pas du tout. La clientèle du ménage Tourtebatte comptait quelques jeunes grands seigneurs moldaves, valaques, russes, turcs envoyés par leurs gouvernements respectifs, pour suivre, en externes, les cours de nos grandes Écoles et qui étudiaient la haute société française dans des brasseries à femmes, les débits de prunes et les bastringues du quartier. Ils étaient là une demi-douzaine, le grand Michaleff, le gros Tapeth-Effendi, le prince Mer-d'Azof et le comte d'Apotiker. Tous fumeurs, buveurs et payeurs, ce qui les faisait fort apprécier de ces dames. Aussi leur venue coupa-t-elle court aux lamentations de ces désœuvrées touchant la maladie de Théophile.

— Vite ! Un bol de punch ! et corsé ! dit, avec l'autorité d'un homme habitué au commandement, le prince Mer-d'Azof, qui avait dix-huit ans et était déjà général dans son pays.

— Beaucoup de rhum ! ajouta le comte d'Apotiker, plus humblement, parce qu'il n'était que colonel dans le sien.

— Et beaucoup de citron ! acheva Mélie l'Andouille.

Bientôt le garçon apporta une façon de saladier dans lequel un liquide fumait rythmiquement agité par une énorme cuiller.

— Il ne flambe pas ! dit le gros Tapeth-Effendi, qui en avait approché une allumette.

— Il n'en sera que meilleur, riposta le garçon imperturbablement.

Et de fait, ces nobles hôtes de la France eurent le palais singulièrement réjoui. Jamais, même en Russie, en Moldavie et en Valachie, ils n'avaient rien bu d'aussi fort. — Un extrait de piment, une gelée d'alcool, une quintessence de poivre.

— Nous reviendrons tous boire de ce punch-là tous les jours ! dirent-ils en chœur.

. . . .

Trois jours après, ils s'écriaient, en brisant leurs cannes sur les tables :

— Puisque vous ne voulez plus nous donner du même, nous ne reviendrons plus ici.

Et Agénor-Polycarpe Visalœil, ayant fait l'autopsie de Théophile, consignait, dans ses notes, ces lignes qui font encore autorité : « Une particularité de l'anémie chez les singes, c'est la forte odeur de punch au rhum que contractent leurs intestins. »

Le garçon s'était trompé.

V

LA CULOTTE DE NESSUS

Un homme long et mince était debout et mélancolique, sur le seuil d'une boutique faisant le coin de la rue de la Harpe qui se composait, en ce temps-là, de plus de deux maisons. Dans la vitrine encore ouverte, bien qu'il fût neuf heures du soir, de petits animaux difformes et des fœtus souriants faisaient la gaieté de flacons aux formes différentes. De part et d'autre de la porte, deux immenses bocaux, l'un vert, l'autre rouge, incendiés tous deux par des lampes placées derrière, encadraient le rêveur et, n'était l'obscurité des voies parisiennes à une époque où le gaz dormait encore aux entrailles de la terre, on eût pu lire, sur sa tête, ces mots menaçants, écrits en or sur fond émeraude: *Pharmacie Pompilius*.

Tout à coup, un autre homme gros et court celui-là, de plus, portant des lunettes, s'élança de l'ombre sur la marche de pierre faisant saillie devant l'huis, lui jeta ces mots à la figure d'une voix essoufflée : « Avez-vous de la place à l'intérieur ? », l'écarta d'un geste familier, entra dans la boutique, s'y assit sur le banc de droite, et, tirant de sa poche six gros sols, les lui remit dans la main avant qu'il ait eu le temps de revenir de sa surprise.

— Que faut-il servir à monsieur ? fit-il alors.

— Une correspondance pour la Bastille, lui répondit l'inconnu.

— Je n'en vends pas, imbécile !

A ce mot, le nouveau venu se leva d'un air offensé.

Alors les deux compères, le maigre et le gras, le grand et le petit, se mirent à se contempler avec quelque étonnement, le premier écarquillant les yeux comme pour s'assurer qu'il ne rêvait pas, et le second frottant ses besicles du bout de son gant de filoselle.

— Pompilius ! s'écria celui-ci.

— Trousse-Cadet ! riposta celui-là.

Et ils se jetèrent dans les bras l'un de l'autre avec effusion.

— Ah çà ! où diable croyais-tu être ? demanda

Pompilius à Trousse-Cadet, quand le premier moment d'émotion fut passé.

— Mon pauvre camarade, tu sais si je suis myope ! Tes diablesses de lanternes m'avaient trompé et j'avais pensé monter dans un omnibus. Mais je me rends, à présent, parfaitement compte des choses. Je suis dans ta pharmacie ! Sais-tu que c'est très cossu chez toi ! Et tu es seul à tenir ce bel établissement ?

— Non pas ! je suis marié avec une femme exquise et j'avais un élève empoisonneur. Mais l'ambitieux vient de me quitter pour acheter un fonds.

— Comme ça tombe ! J'ai un garçon charmant à te recommander qui vient d'achever ses cours de toxicologie et fera merveilleusement ton affaire, mon filleul Agénor-Polycarpe Visalœil.

— Et il a du goût pour le métier ?

— Une véritable vocation ! Tout petit, au tir de l'arbalète de Champignol-en-Vexin, il mettait dans le noir à tous les coups.

— Eh bien, alors c'est entendu !

Huit jours plus tard, Agénor-Polycarpe Visalœil était installé dans la maison. De son patron, je n'ai rien à vous dire : un pharmacien comme tous les autres, vous faisant perdre un quart d'heure à envelopper un paquet de deux sous, afin de gagner honnêtement son argent. Mais sa patronne n'était pas une pharmacienne comme toutes les autres. Je ne sais pas si vous êtes comme moi, et je ne vous le souhaite pas autrement. Mais les petites commerçantes de Paris m'inspirent volontiers des sentiments inconvenants à force de bienveillance. La vie sédentaire des boutiques leur donne généralement un embonpoint qui me ravit. Pâles avec cela, par défaut de grand air, elles ont un grand charme alangui, bourgeois, familier, presque familial, que je subis sans protestations. Gracieuses au surplus, par métier, et puis intéressantes par les butors de maris qu'elles ont le plus souvent. L'idée de jeter un lambeau de rêve et de poésie dans ces existences étroites, prosaïques, casanières, m'est bien des fois venue. Il n'est pas malaisé d'apparaître comme un Amadis à ces femelles de marchands de cassonade. Les arracher un instant aux mesquines préoccupations du négoce et les élever jusqu'à soi pendant une heure est une œuvre pie que je recommande aux hom-

mes de bonne volonté. Il n'est bon tourneur de
cocus en chambre qui ne se doive préoccuper
de cette classe de la société. Oui, voilà ce que je
me suis souvent dit et ce que se disait aussi, en
ce temps-là, mon ami Jacques Moulinot, pour
lors étudiant en droit de septième année, en contemplant, derrière la devanture vitrée, le profil
grassouillet, avenant, excitant par les sinuosités
du corsage, de Mme Pompilius. Car Mme Pompilius, de son petit nom Rosalinde, était de tous
points conforme au programme que j'ai tracé plus
haut ; blanche comme un lis, dodue comme une
caille, blonde comme un pot de miel, souriante
comme un matin d'avril. Quand, assise au comptoir de son matassin d'époux, elle en laissait
glisser, de dessous son peignoir de flanelle, le
bout de son pied mignon chaussé d'une pantoufle
rose, je vous fiche mon billet, comme on dit à
Toulouse, qu'elle vous eût donné tout autre
envie que celle d'acheter de l'huile de ricin, voire
même de la scammonée.

L'entrée du jeune Agénor-Polycarpe Visalœil
dans la maison de cette belle fut un coup de fortune pour Jacques, qui en était fort épris (car,
comme je vous l'ai dit autrefois, Jacques était

l'ami de ce petit imbécile. Imbécile ! oui ! et je maintiens le mot. Car croiriez-vous que ce serin présomptueux de sous-apothicaire s'imagina, lui aussi, de devenir amoureux de la belle Rosalinde ! Lui ! avec son nez de blaireau, ses yeux clignotants, sa bouche en croissant et ses longues mains en sarments ! Sa première déclaration lui valut une gifle).

— Aussi vertueuse que belle ! pensa-t-il en se frottant la joue avec délices.

※

Agénor-Polycarpe Visalœil n'était pas précisément fort gai ce soir-là. M. Pompilius dînait en ville, à un congrès pharmaceutique destiné à donner un petit coup de fouet à la mortalité dans les départements. Jusque-là rien de mieux. Mais Mme Pompilius avait déclaré qu'ayant la migraine, elle désirait demeurer seule. Notre héros, navré, était remonté dans sa chambre, une mansarde située au sixième de la maison, et là, il avait demandé à ses chères études, comme le devait faire plus tard un célèbre omme d'État, un remède à sa mélancolie. Justement le patron l'avait chargé de préparer quelques kilomètres de thapsia. Car il faut être ignorant comme un naturaliste pour ne pas savoir qu'on doit à M. Pompilius l'invention de cet instrument de supplice, de cet enduit ingénieux qui transforme rapidement la bronchite la plus innocente en une incurable hydrophobie. Ayant donc étendu, sur le canapé qui composait l'unique meuble de son boudoir, un carré de taffetas préparé, le jeune savant achevait de le saupoudrer suivant les formules les plus célèbres et les plus meurtrières, quand un coup fut frappé à la porte.

— Tiens ! Jacques ! tu arrives à propos ! J'ai fini mon travail et j'allais m'ennuyer !

— Désolé de ne pouvoir te tenir compagnie, mon bon Polycarpe. Mais je viens te demander un service.

— Parions que c'est encore ma chambre dont tu as besoin pour quelque saugrenuité nouvelle !

— Comme tu me connais !

— Et il te la faut...?

— Tout de suite. Oh ! l'affaire de quelques instants. Tiens ! donne-moi seulement jusqu'à onze heures... Une femme du monde, mon cher ! du meilleur monde ! Qui a grand' peur de se compromettre et que pour rien, pas même pour un empire, je ne voudrais conduire dans un hôtel.

— C'est bon ! je m'en vais ! soupira Agénor-Polycarpe à qui son admiration pour Jacques inspirait les plus sublimes résignations.

Et il le fit comme il l'avait dit, sans seulement jeter un regard en arrière, mais en annonçant qu'il rentrerait ponctuellement à l'heure indiquée.

Le temps lui parut long, d'autant qu'il pleuvait dehors. Après avoir contemplé, sous l'ondée, les fenêtres de Mme Pompilius derrière lesquelles ne veillait aucun flambeau, il descendit jusqu'au quai qu'animait, seul, le bruit du fleuve et se prit à rêver à celle qui l'avait calotté, puis au thapsia qu'il avait oublié sur son divan, puis à Mlle Eulalie Louffart que son parrain Trousse-Cadet voulait décidément lui faire épouser, puis à mille autres choses dont le néant l'épouvanta, tout plein qu'il était du souvenir de la cruelle Rosalinde.

— Et dire, pensait-il, que ce vaurien de Jacques avait, un instant, eu l'idée de courtiser cette farouche !

Heureusement qu'il l'avait prévenu, lui Polycarpe, qu'il n'y avait rien à glaner là que des soufflets. Heureux Jacques ! Comme il se consolait bien vite d'un amour dans un autre !

Onze heures sonnèrent à l'horloge du Châtelet.

Cinq minutes après, notre héros avait repris possession de son palais abandonné par Jacques. Sa première pensée fut pour son thapsia qu'il ne retrouva pas à la place où il l'avait laissé. Ni à cette place, ni à une autre. Il eut beau chercher, fouiller, se glisser sous les meubles... Rien ! Rien !

— Étrange ! fit-il.

Il sourit, il est vrai, un instant après, en trouvant dans un coin un joli pantalon de batiste festonné et garni de dentelle.

Puis, après une nouvelle et minutieuse perquisition, il prit le parti de se coucher. Un cauchemar épouvantable lui fit voir une famille anglaise tout entière en train de dîner avec le tissu à démangeaisons qu'il avait égaré.

Le lendemain, il remarqua que la patronne avait l'air mélancolique et que ses mains agacées cherchaient instinctivement à se plonger dans ses jupes. En s'asseyant pour déjeuner, elle fit une grimace. Pour dîner, elle ne put plus s'asseoir du tout. M. Pompilius aussi paraissait sombre.

— Pauvre Minette! disait-il quelquefois en regardant sa femme avec amour.

Et la pauvre Minette prenait un air navré qui faisait peine.

Le soir venu, M. Pompilius s'approcha de son élève avec un air singulier de solennité.

— Mon enfant, lui dit-il, un disciple est un confesseur. Je vais donc m'ouvrir à vous, bien que la matière soit délicate. Mme Pompilius a un érysipèle.

— Ah! mon Dieu!

— J'ai fait de mon mieux pour lui dissimuler la gravité de son mal. Mais le docteur Louffart et le célèbre médecin hongrois Franz Cekjepetth, qui sortent d'ici, ne m'ont pas dissimulé le danger, d'autant que le mal affecte une surface considérable, s'étant attaqué au plus volumineux endroit de la personne de Mme Pompilius... De la chute des reins aux jarrets l'éruption s'étend... Il faut, jour et nuit, des cataplasmes d'amidon renouvelés de demi-heure en demi-heure. Je ne puis suffire à cet incessant traitement. Vous avez le respect du foyer, Polycarpe, et je n'ai pas hésité à m'adresser à vous pour me seconder dans ces délicates fonctions d'époux dévoué.

Polycarpe rêvait pendant ce discours.

Et, de fait, il posa beaucoup de cataplasmes. Je dois à la vérité d'ajouter qu'à peine guérie, la belle Rosalinde le fit fourrer à la porte, ne voulant pas conserver dans la maison un jeune homme dont la vue la faisait rougir.

Cette pudeur exquise fit pleurer de joie Pompilius et augmenta encore l'amour de Jacques Moulinot.

VI

LE CAS DE Mme BEAUDURAND

C'était un simple mercier que M. Beaudurand, mais un joli mercier, le plus sémillant mercier de la rue de la Cossonnerie. Il était capitaine de la garde nationale, portait les favoris à la Louis-Philippe et croyait à la Charte. Sa femme, Mélina, croyait aux beaux écus sonnants. Une avenante boutiquière, souriant à trente-deux dents et n'ayant pas sa pareille pour encager un *rossignol* dans la poche d'un client de passage, un peu dévote avec cela, au demeurant une belle conscience amplement logée dans un opulent fourreau; car les appas de Mélina avaient fait rêver bien des collégiens en vacances. Mais vertueuse, oh! vertueuse comme Lucrèce! Et lui donc, Beaudurand! Le ciel avait refusé des fils à ce couple digne cependant de faire souche. Eh bien! jamais l'idée n'était venue à ce mari modèle de se faire une postérité en dehors du mariage. Il restait noblement fidèle à cette épouse stérile comme Sarah ou comme l'imagination d'un Académicien. Mais c'était un vrai deuil pour l'un et l'autre que cette absence d'un berceau près de leur bon lit bourgeois aux rideaux bleus à ramages. Car ils étaient riches, fort riches, et leur fortune deviendrait un jour la proie de neveux indélicats qui danseraient sur leur mausolée la pyrrhique de la succession !

Bien que tous deux fussent proches de la cinquantaine, ils n'avaient pas perdu tout espoir et Beaudurand continuait le loyal essai commencé vingt-cinq ans plus tôt. Enfin, le ciel parut s'attendrir et l'aimable mercière sentit s'arrondir ses flancs d'une anormale façon. Son mari faillit en perdre, du même coup, la tête et son bonnet de grenadier. Ce fut une joie bruyante d'abord, puis plus calme, mais plus profonde à mesure que les mois, pareils à de prudents aéronautes, poursuivaient le gonflement de l'heureuse Mélina. Ils arrivèrent à un si beau résultat que Beaudurand lui-même fut épouvanté.

— Nous aurons un tambour-major dans la famille ! disait-il avec un orgueil inquiet.

Ou bien :

— J'ai peine à croire qu'ils ne soient que deux dans le coupé !

Mais le neuvième mois passa, n'apportant pas la délivrance. Pendant la première semaine supplémentaire, le mercier crut à une erreur de comptabilité de sa part.

— C'est toujours comme ça avec ces sacrées années bissextiles ! grommela-t-il.

Le dixième mois accompli, il ne put retenir cette exclamation :

— Voilà un enfant qui sera joliment casanier !

Le onzième, il se décida à consulter les médecins.

— Hum ! hum ! fit le docteur Louffard, en dodelinant de la tête, je voudrais bien avoir une consultation avec mon confrère Trousse-Cadet.

— Hon ! hon ! fit le docteur Trousse-Cadet, en barytonnant des narines, quand la consultation fut achevée.

— Eh bien, quoi ? demanda Beaudurand au comble de l'angoisse.

Mais les deux hommes de la science lui serrèrent

affectueusement la main, sans ajouter un mot et comme s'ils craignaient d'en avoir déjà trop dit.

Ce premier éclaircissement ne coûta que cinq cents francs au mercier.

Ne se jugeant pas suffisamment éclairé pour cette somme insignifiante, il fit venir une des lumières de la Faculté, laquelle fit cruellement plein jour dans son esprit. Mme Beaudurand n'avait jamais été enceinte ; de plus, elle était absolument perdue si elle ne consentait à subir l'opération de l'*ovariotomie* mise à la mode en Angleterre par Clay, Spencer, Wells, Becker-Brown, et en France, plus récemment, par Nélaton, Demarquay, Bichard, Kœberlé, Desgranges et Péan.

Tout militaire qu'il était dans l'armée citoyenne, le pauvre Beaudurand faillit se trouver mal quand il lui fut expliqué qu'il s'agissait d'ouvrir en deux le ventre de sa femme et d'en extraire un nombre formidable de kilos de graisse fine.

— Nous avons précisément ici, en ce moment, conclut la lumière de la Faculté, le plus habile praticien des deux Amériques, notre éminent confrère le docteur Kroum-Pétard, pour qui ce genre de vivisection n'est qu'un jeu. Car vous le verrez, monsieur, découdre et recoudre votre femme, en sifflottant une polka, sans quitter un instant sa cigarette et en continuant à jouer avec son monocle absolument comme s'il faisait une partie d'écarté.

— Jamais je n'aurai le courage de voir ça! pensa le pauvre Beaudurand en sanglotant.

Mais il fallut bien cependant sauver la vie de Mélina.

Le docteur Kroum-Pétard fut mandé et il fut convenu que, pour cette difficile opération, il serait assisté des docteurs Louffard et Trousse-Cadet, amis de la famille.

Je serai bref sur les détails de cette boucherie. L'habile praticien des États-Unis fendit délicatement Mme Beaudurand, endormie par de puissants anesthésiques, dans un beau tiers de sa longueur, écarta les côtes, pour se faire de la place avec son stick, posa dans son chapeau, après les avoir retirés soigneusement, tous les organes qui pouvaient le gêner dans son travail, cœur, foie, rate, etc..., et, tout en lançant quelques bouffées, et en prenant et abandonnant tour à tour son éternel monocle, découpa le kyste monstrueux jusqu'au pédicule avec une admirable dextérité. Après quoi il s'occupa à tout remettre en son lieu, non sans avoir pris un petit verre d'excellent kirsch.

C'est alors que, cherchant la vessie de la patiente, il aperçut cet imbécile de Louffard qui jouait puérilement au ballon avec, dans un coin de la chambre, tandis que Trousse-Cadet s'amusait à gonfler et à dégonfler la rate pour faire des bruits inconvenants en appuyant ensuite dessus. Il lança d'importance ces deux gamins, qui s'excusèrent sur leurs relations familières avec le ménage Beaudurand.

Une heure après, Mélina, parfaitement dégagée et recollée, s'éveillait le sourire sur les lèvres et annonçait à tout le monde qu'elle venait de faire un rêve délicieux. Beaudurand se précipitait dans les bras de Louffard et de Trousse-Cadet, en pleurant de joie.

— Ça n'a pas été sans peine ! lui dirent ceux-ci en lui rendant son étreinte avec effusion. Mais nous l'aimions tant !

— Goddem ! où est mon lorgnon ? cria le docteur Kroum-Pétard d'une petite voix stridente.

On chercha de tous côtés, — mais le précieux morceau de cristal ne se retrouva nulle part.

— Vous le payerez, monsieur ! dit le chirurgien américain en prenant congé du mercier.

Et, de fait, le lendemain, à la note de trente mille francs envoyée par l'illustre praticien s'ajoutait ce codicille : « *Un monocle adiré*...mille francs. »

— Le verre est un peu cher à New-York, hasarda le pacifique Beaudurand.

Mais il était trop heureux de l'issue de cette affaire pour marchander quoi que ce soit. Il fit même présent au docteur Louffard d'une potiche magnifique et d'un bronze d'art au docteur Trousse-Cadet.

C'est que, en effet, la santé de Mélina était redevenue parfaite et, sauf une invincible constipation due, suivant le docteur Louffard, à la puissance de l'anesthésique employé et, suivant le docteur Trousse-Cadet, à la position qu'elle avait trop longtemps gardée, son état était le plus normal du monde.

Le jeune Agénor-Polycarpe Visalœil, que vous connaissez bien, et qui avait été flanqué, comme vous le savez, à la porte de la pharmacie Pompilius, rue de la Harpe, venait d'entrer alors, en la même qualité d'élève apothicaire, à la pharmacie Clysanthème, rue de la Huchette. Un singulier homme que son nouveau patron, M. Clysanthème! Imaginez que ce barbon blâmait tout haut ses confrères d'avoir cédé aux plaisanteries indiscrètes de Molière en se départant des saines traditions qui avaient illustré les Purgon.

— Ce Poquelin! disait-il avec mépris, il a tué le grand art!

Et M. Clysanthème entendait que ses clercs allassent, comme autrefois, administrer en personne les remèdes aux entrailles altérées de ses clients. Si ceux-ci faisaient la petite bouche (les clercs, pas les clients) il vous les tançait d'importance.

— C'est à cette exécution stricte du devoir, concluait-il, que j'ai dû, dans ma jeunesse, le meilleur de mes bonnes fortunes.

Il venait de prononcer cette phrase pour l'usage d'Agénor, *ad usum delphini*, comme disait Bossuet, quand on vint lui apporter l'ordonnance que le docteur Louffard avait faite pour Mme Beaudurand.

— C'est vous qui irez, dit aussitôt M. Clysanthème au jeune Visalœil, et je vous prie d'opérer vous-même comme le fera un jour M. Pierre Petit, ne fût-ce que pour être décoré, comme lui, plus tard. Heureux coquin ! voilà un joli début ! Mme Beaudurand est une charmante personne.

Le jeune Visalœil sortit, avec sa boîte à musique sous le bras. A peine arrivé à destination, il se mit en devoir de faire son solo. Mais, quand la partition eut été déployée et ouverte devant lui, — vous entendez bien ce que je veux dire par là, — et au moment même où il approchait l'embouchure avec confiance, un cri terrible s'échappa de sa poitrine, et il tomba lourdement en arrière, épouvanté.

La partition le regardait insolemment avec un lorgnon dans l'œil !

Ce lorgnon ! c'était celui que le docteur Kroum-Pétard avait oublié dans le ventre de Mme Beaudurand.

4.

Le premier soin du mercier, rentré si inopinément en possession de ce coûteux objet, fut d'écrire au praticien exotique pour le lui renvoyer moyennant la restitution des mille francs. Mais plus praticien encore qu'on ne se l'imagine, le docteur Kroum-Pétard se garda bien d'accepter cette restitution intéressée.

— Vous vous trompez, monsieur, écrivit-il au mercier. Ce monocle n'est pas le mien ; j'ajouterai même que la personne qui s'en est servie n'avait pas la même vue que moi !

VII

ERREUR N'EST PAS COMPTE

Une bonne petite vieille que la douairière de Khun'Avran. Blanche comme un flocon de neige, avec des yeux vifs encore ; une souris d'église, trottant menu, dodelinant et barytonnant, appartenant d'ailleurs à une des plus anciennes familles de la Bretagne. Cette boulette de chair dont les cheveux avaient l'air d'une moisissure occupait un hôtel lamentable du faubourg Saint-Germain, une grande diablesse de maison construite sous Louis XIII, où les vents coulis se donnaient rendez-vous. Bonne femme au demeurant et n'ayant guère pour compagnie que son valet de chambre Ducoûteux. — Retenez ce nom. — Ce Ducoûteux eut un fils, Charles, dont il sera reparlé souvent, une façon de drôle qui, n'ayant pas de souliers, il y a un an, passe aujourd'hui pour millionnaire et qui aura sa place dans cette petite galerie. Mais n'anticipons pas ! Donc notre douairière vivait retirée dans un fromage de Hollande dont les rats les plus faméliques n'eussent pas voulu. Elle y continuait à sacrifier aux vieilles coutumes, n'ayant rien changé, dans sa vie familière, au cérémonial des choses d'autrefois.

C'est ainsi qu'elle jouait, en plein dix-neuvième siècle, le rôle du malade imaginaire qu'a immortalisé Poquelin, ne croyant en rien à la médecine nouvelle et cherchant, dans l'Océan des âges, un Diafoirus pour lui administrer les préceptes d'Esculape dans toute leur pureté. Elle n'avait trouvé qu'un apothicaire suivant son cœur, ce Clysanthème dont je vous parlais l'autre jour et qui prétendait, en dépit de Molière, poursuivre, dans la suite des siècles, les hydrauliques traditions de M. Purgon. Aussi un des clercs de l'idéal pharmacien était-il spécialement attaché au service de la douairière

Le dernier venu de ces matassins attardés était notre ami Agénor-Polycarpe Visalœil. M. Clysanthème ayant amené, une première fois, à sa patrone notre héros, Mme la douairière avait dit à celui-ci, en tapotant sur son éventail :

— Petit, vous avez une figure qui me revient.

— Madame, avait répondu fort spirituellement le pharmacien, je suis sûr qu'il en dira autant de la vôtre.

Il n'en faut pas davantage pour sceller une sympathie durable entre une vieille bourrique et un jeune serin.

Depuis ce mémorable dialogue, Agénor était officiellement attaché aux aristocratiques déjections de Mme de Khun'Avran. Il avait pioché l'hydrostatique tout entière pour donner à ses délicates fonctions tout le relief qu'elles comportent.

Et de fait, Mme la douairière était fort satisfaite de ses bons soins. Elle trouvait à Agénor un doigté particulièrement fin et distingué.

— Quel succès ce garçon aurait eu sur le trombone à coulisse ! disait-elle quelquefois à sa camériste Ursule, une perle qui n'eût pas fait tache dans le fumier d'Ennius, une gaillarde qui aimait les jolis garçons... et les vilains aussi quand il n'y en avait pas de jolis sous sa main.

« Oserai-je vous avouer que je vous aime ? Que puis-je espérer si vous n'avez pas compris les muettes tortures de mon cœur ! Je le sais, hélas ! rien n'est moins poétique que le destin que m'a fait la vie ! Regardé partout d'un mauvais œil, obligé de prendre des détours pour arriver à mes fins, constamment en face d'obstacles que je ne tourne qu'à force de politesse et de servilité, je pourrais passer pour un paria dans une société qui n'aurait pas mis l'égalité citoyenne en tête de ses codes glorieux. Qu'a d'ailleurs à faire l'amour dans les choses du préjugé ! Je vous aime, voilà tout ! Mon devoir m'appelle demain dans la maison dont vos charmes font un temple. Ah ! laissez-moi vous voir, me jeter à vos pieds et vous dire que je ne survivrai pas à vos dédains.

» Agénor-Polycarpe V. »

Autre guitare :

« Madame, M. Clysanthème m'a annoncé que j'aurais le bonheur de m'entretenir demain avec vous. J'apporterai tout ce qu'il faut pour rendre ma conversation aussi agréable que possible et je vous prie d'agréer, en attendant, l'hommage de mon respectueux dévouement.

» Votre très humble,

» A.-P. Visaloeil. »

Ces deux lettres avaient notre héros pour auteur. La première était destinée à Mlle Ursule, et la seconde à sa noble maîtresse.

— Polycarpe !

— Voilà, patron.

— Vite, chez Mme de Cadet-Bouzin. Emportez de la guimauve. C'est un adoucissant qu'il lui faut !

Et le pauvre Agénor eut à peine le temps de mettre des suscriptions aux enveloppes de se deux lettres, de clore ses missives, et d'aller porter à Mme de Cadet-Bouzin les soulagements que réclamait son état. Mais la guimauve elle-même devait échouer devant les brutalités d'un tempérament dont la sécheresse en eût remontré aux sables du désert. Le pauvre garçon revint triste, comme tout consciencieux ouvrier qui a échoué dans sa tâche. Une pensée lui rendait cependant le courage et la gaieté. Demain il était convié à rendre un office analogue à la douairière de Khun'Avran ! Demain il reverrait Ursule !

Le devoir avant le plaisir.

Quand Agénor, le jour suivant, pénétra, avant tout, dans le *buen retiro* où l'attendait la douairière, il ne fut pas médiocrement surpris de trouver celle-ci dans une toilette fort différente des accoutrements intimes dans lesquels il l'avait toujours vue. Poudrée à blanc comme une montagne de sucre, un soupçon de carmin aux joues, décolletée par le déshabillé le plus galant, une mouche auprès de l'œil, des souliers de satin aux pieds, la taille s'élargissant autour d'un panier, Aménaïde (c'était le petit nom de Mme de Khun'-Avran) avait revêtu une dignité singulière, comme si, reculant d'un siècle, le temps l'eût ramenée à la cour des benoîts souverains de notre histoire.

Agénor fut positivement interloqué par tant de majesté.

— Approche, petit, fit-elle au jeune homme.

— Madame la douairière aurait-elle changé d'idée ? demanda bêtement celui-ci.

— Pas de question ! maroufle ! Sachez seulement que nous avons reçu votre lettre et que nous vous réservons une surprise. Seulement, pourquoi ne vous êtes-vous pas mis en petit abbé ?

— J'ai opéré moi-même, continua Agénor troublé. Un gramme de son contre deux de guimauve et une pointe de menthe pour donner bon goût.

— Assez sur ce chapitre, petit rusé ! puisque je te dis que j'ai reçu ta lettre. J'aurais pu m'en fâcher, mais, — vois comme je suis franche — elle ne m'a pas déplu du tout. Seulement, j'aurais voulu que tu fusses en petit abbé. Cela se faisait ainsi autrefois.

— Profaner l'état ecclésiastique ! pensa tout bas Agénor qui avait des principes. Merci ! Et il ajouta : — O Voltaire ! voilà bien de tes coups !

Et il demeurait toujours à la même place.

— Qu'attends-tu donc, mon mignon ? continua Mme de Khun'Avran, avec un sourire qui, trente-deux ans auparavant, eût décidé Ménélas à assiéger une seconde fois Troie.

Et, de fait, Agénor n'attendit plus. Tirant d'un étui de serge verte l'irrigateur qu'il avait chanvré tout exprès, il s'avança avec une majesté souveraine.

Pan !

Une énorme claque le jeta par terre en lui versant, sur les jambes, le moelleux contenu du cylindre surmonté d'un moulinet. Pendant ce temps, la romance de Martini vibrait, chevrotante, dans l'air tiède de la pièce. Car M. Clysanthème avait, pour ses clients privilégiés, des appareils à musique, joignant les joyeusetés d'un harmonica à l'utilité d'une pompe :

> Plaisir d'amour ne dure qu'un moment :
> Chagrin d'amour dure toute la vie !

sanglotait l'outil, pendant que Visalœil se sauvait, épouvanté par l'attitude courroucée de la douairière.

Pan ! c'était Mlle Ursule qui confirmait, au passage, d'un second soufflet, notre héros positivement abasourdi.

— Voilà qui t'apprendra à te ficher de moi ! ajouta-t-elle sur un ton de harengère compromise, gouailleur et exaspéré.

Et elle lui jeta au nez une boulette de papier

qu'Agénor ramassa machinalement pour se donner une attitude.

Dans la rue seulement et en défaisant ladite boulette, il comprit à quelle épouvantable distraction il devait cette paire de gifles. Subitement interrompu, par l'appel de M. Clysanthème, dans l'envoi de sa correspondance, il avait commis l'inqualifiable erreur d'adresser à Mme de Khun'-Avran la lettre destinée à Ursule et réciproquement.

Voilà qui eût été peu de chose.

Mais, dans son trouble, ayant oublié, dans l'appartement de la douairière, le glorieux emblème de ses fonctions, il ne sut que répondre aux violentes interpellations de M. Clysanthème réclamant le chef-d'œuvre de sa panoplie émolliente. Quand on envoya reprendre l'objet chez la grande dame, on découvrit qu'il s'était faussé dans sa chute sur le parquet et qu'il ne jouait plus aucun air juste. Un facteur de pianos demanda cinq cents francs pour l'accorder, et encore la réparation qu'il y fit nuisit-elle si fort aux propriétés propulsives de l'instrument, qu'on ne put plus l'employer que pour les petits enfants et autres êtres naturellement dénués de résistance.

Furieux, M. Clysanthème mit, pour la seconde fois, à la porte Agénor qu'il avait repris. Quant à la douairière, elle déclara que plutôt que de revoir cet impertinent en face, elle se retournerait.

— Que n'eut-elle cette idée plus tôt ! pensa le pauvre Agénor-Polycarpe Visalœil.

VIII

LE BOUILLON DU COLONEL

Pour peu que vous ayez gardé la mémoire de notre glorieux ami le commandant Laripète, vous vous rappelez certainement aussi ce capitaine Frisevent qui avait été la bête noire du commandant pendant la première moitié de sa carrière. Rien de plus opposé, en effet, que les natures de ces deux officiers. Autant Laripète était gros et petit, autant Frisevent était maigre et long. La figure avenante du premier était pour faire contraste à la mine rébarbative du second. Celui-ci était blond comme un rayon de miel et celui-là brun comme un cigare d'un sou. Ils n'avaient guère, à tout prendre et dans toute leur personne, que deux points communs : ils étaient, l'un et l'autre, braves comme des lansquenets et cocus comme des patriarches, ce qui prouve, à la grande joie du philosophe Janet, contradicteur du docteur Büchner, que certaines qualités de l'âme ne sont pas inhérentes à certaines formes de notre infime matière. La Fortune de nos deux ennemis avait été inégale. Tandis que le pauvre Laripète, après trente ans de bons services et de loyal martyre conjugal, avait été retraité, grâce au mauvais vouloir à son endroit du ministre baron Honoré Leloup de la Pétardière, l'heureux Frisevent, sensiblement protégé par le ministre comte Troisvent de Saint-Pétulant, était devenu général de brigade commandant une sous-division. Une seule chose, une faiblesse insignifiante, une bêtise empoisonnait la vie de ce militaire chanceux. Lui qui, devant le feu, était tout simplement héroïque, ne pouvait supporter la vue, même lointaine, d'un petit animal, inoffensif pourtant, sans s'évanouir. Plusieurs grands hommes ont été ainsi. Pompée, pour n'en citer qu'un, se trouvait mal en présence d'une souris. Le général Frisevent en faisait juste autant à l'approche d'un chat noir. Il avait d'ailleurs épousé une Anglaise du plus beau jaune clair, répondant, au temps de son innocence, au joli nom de miss Levrett, qu'il avait rencontrée successivement dans les salons diplomatiques de la comtesse italienne Pipioli et de la baronne polonaise Cakatcha. Car cet intrigant fréquentait tous les mondes, n'ayant pas eu l'esprit d'étudier tout simplement, dans Béroalde de Verville, « le moyen de parvenir ».

Singulier ménage que celui-là ! La générale, qui avait vécu dans les cours, réunissait, dans sa gracieuse personne, les préjugés des noblesses de tous les pays. Elle appartenait par les idées au siècle de la première croisade et voulait, de fort bonne foi, modeler ses mœurs et coutumes sur ses idées. C'est ainsi que toutes les inventions modernes lui étaient particulièrement odieuses et qu'elle était certainement la dernière personne de son temps à se promener en litière, portée à bras par des laquais — quatre malheureux hussards de son mari se déguisaient pour cet office. Quant au général lui-même, il avait voulu se mettre à la hauteur de cette union princière, au moins dans sa maison. C'est ainsi qu'il faisait le dégoûté au point de ne manger qu'avec des gants, de ne boire jamais deux fois dans le même verre et de changer d'assiette et de fourchette après chaque bouchée, brisant son porte-cigare chaque fois qu'il avait fumé, ne portant qu'une fois ses bottes, amusant infiniment, par toutes ces façons de petit maître, les camarades qui l'avaient connu vidant gaiement la gamelle et humant bravement au piot, comme un bon fils de Rabelais ! Farceur de Frisevent, va ! Le hasard t'en gardait une bien bonne.

L'époque de la tournée de révision était venue, et le général, accompagnant M. le préfet, suivis tous deux d'un médecin-major, venaient d'arriver dans la petite ville de Chaumont-les-Canettes, pour y faire passer les conscrits sous une toise et les faire respirer largement, une montre à la main, je crois. Le général était accompagné de sa femme qui, en qualité d'Anglaise, adorait les voyages, et tous deux étaient descendus au meilleur hôtel de l'endroit, lequel avait pour enseigne : *Au Bourdon qui balance,* un vieil hôtel du bon temps, avec un vieil escalier en limaçon descendant jusqu'à une vaste cour pleine de volailles piaillantes et sentant la paille fraîche, un de ces derniers asiles de la cuisine française où les mets sont mijotés par de consciencieux marmitons et non pas industriellement confectionnés par des chimistes, comme dans nos laboratoires parisiens. Oh ! les beaux dindes rôtis qu'on mangeait là, en la saison, tout ruisselants d'un jus authentique et bourrés d'une farce véridique ! Léchez-vous-en les doigts, mes petits compères, quand vous en rencontrerez de pareils aujourd'hui. Car, je vous le dis en vérité : la cuisine se meurt ! la cuisine est morte ! Les Philistins de la science l'ont tuée. Ce ne sont pas les mâchoires d'ânes qui nous manquent, mais les Samson pour la venger. Dalila a rasé ce siècle tout entier, et pas seulement par la tête.

Au moment de cette tournée de révision dont je parle, notre jeune ami Agénor-Polycarpe Visalœil était précisément en villégiature à Chaumont-les-Canettes, — en villégiature laborieuse d'ailleurs. Car son parrain, le docteur Trousse-Cadet, voyant qu'il n'avait réussi dans aucune pharmacie parisienne, ni chez le droguiste Pompilius, ni chez l'apothicaire Clysanthème, avait pris le parti de le faire revenir en province et de le confier à un de ses anciens camarades, M. Anselme Bismendorff, dont la boutique de poisons était une des plus renommées du département. Le pauvre garçon y était horriblement mal nourri et logé dans une soupente. Mais il était philosophe, comme on le verra par la suite de ces récits, et philosophe épicurien, non pas dans le sens où l'entendent les ignorants qui regardent Épicure comme le grand prêtre de la Bombance, tandis qu'il fut tout simplement l'apôtre d'une sage résignation au plaisir comme à la douleur.

— Vite, Polycarpe, le remède de Mme la générale. Courez *au Bourdon qui balance* et servez chaud.

Et Polycarpe Visalœil, le doux épicurien que j'ai dit, ayant glissé sous son paletot noisette la pièce d'artillerie humide dont M. Purgon fut le Krupp, au temps de Molière, prit ses jambes à son cou dans la direction indiquée. Car Mme Frisevent, toujours fidèle aux antiques usages, n'avait pas souffert l'introduction, chez elle, de ces appareils compliqués qui tiennent à la fois du moulin à vent (parce qu'ils en donnent) et de la boîte à musique (parce qu'ils en inspirent), détestables perfectionnements qui remplacent les finesses du doigté par l'automatique action d'un piston inconscient et d'un tube aveugle... heureusement pour lui ! Elle entendait, la digne dame, qu'un matassin jeune et soumis, beau s'il se pouvait, en tout cas respectueux, lui vint administrer la chose suivant les rites consacrés de la dive seringue dont trinquaient nos aïeux quand leurs verres étaient brisés !

— Tenez, petit maraud, voilà pour votre peine. Mais, vous direz à votre patron qu'il manquait à la fois d'onction et de goût.

Et la généreuse insulaire glissait une pièce de deux sous toute neuve dans la main de Polycarpe, tiède encore de l'office qu'elle venait de remplir.

Il descendait donc mélancoliquement l'escalier de l'hôtel, songeant à l'abaissement de son état si peu conforme à ses rêves, quand une chatouillante odeur de bouillon gras lui monta aux narines, traînant dans la fumée de riantes et culinaires visions. Il passait tout près de la cuisine ; un rythme caressant de broches tournantes, un glapissement joyeux de beurre en train de fondre, un ricanement ironique d'oignons dans la poêle, tout signalait l'approche du temple. Le pauvre Visalœil, qui mourait toujours de faim, ne put résister à la tentation d'y glisser un œil et un bout de nez. O miracle ! le temple était actuellement vide de prêtres et, dans une immense marmite, écumeux et plein d'un clapotement vague de légumes, bouillait lentement le fameux consommé dont le parfum était venu le troubler de si loin... La tentation était trop forte. L'héroïsme d'un épicurien même se brise à certains désirs fous. Polycarpe éperdu retira, de dessous son paletot noisette, la pièce d'artillerie humide qu'il venait de vider ailleurs et, d'un effort énergique, ramenant le piston à lui, dans toute la longueur de sa course, aspira à plein vase et remplit de nouveau l'appareil du plus succulent des bouillons.

Après quoi, entendant du bruit, il se sauva comme un malfaiteur, ayant de nouveau enfoncé sous son paletot noisette la seringue qui lui brûlait affreusement les doigts.

Au moment où il atteignait la boutique de son patron, une grande rumeur s'en élevait et il dut fendre la foule pour arriver jusqu'à la porte. Quel spectacle en entrant ! Le général Frisevent, à qui M. le préfet tapotait dans les paumes des mains, était étendu tout de son long dans un fauteuil, inanimé à fort peu près et roulant des yeux blancs. Le malheureux venait de se trouver face à face sur le trottoir avec un matou nègre et l'apparition avait produit son effet ordinaire.

— Vite une tasse de bouillon chaud ! disait le médecin-major.

— Hélas ! je n'en ai pas une goutte à la maison ! s'écriait le pauvre Bismendorff. Nous avons fait une soupe aux poireaux hier.

— Du bouillon ou je ne réponds de rien ! insistait le médecin-major.

Polycarpe entendit et, l'humanité l'emportant sur la gourmandise, dans cette généreuse nature, il courut au laboratoire et là, poussant le piston de son *vade mecum,* il remplit une tasse du consommé de l'hôtel et l'apporta toute fumante.

L'odeur seule en ranima immédiatement le général, qui l'absorba avec une joie enfantine, pendant que Bismendorff et le restant des assistants étaient abasourdis comme s'ils assistaient à un miracle.

— Une seconde tasse ! un bol ! murmura Frisevent d'une voix ragaillardie.

Et, courant de nouveau au laboratoire, Polycarpe apporta la consommation demandée — le reste, hélas ! de sa provision !

Le général sauvé remit une belle pièce de vingt francs à M. Bismendorff et une seconde pièce de deux sous neuve à Polycarpe. Celui-ci, ayant d'ailleurs refusé d'apprendre à son patron la provenance de ce liquide réparateur et mystérieux, fut mis à la porte et renvoyé à son parrain Trousse-Cadet.

— Quel bouillon on fait chez ces gredins d'apothicaires ! dit le général à sa femme en rentrant *au Bourdon qui balance*. Ma parole, ma mie, il viendrait de vous qu'il n'eût pas été meilleur.

C'est égal, pour un homme dégoûté et qui ne buvait jamais deux fois dans le même verre !... Enfin, Frisevent put connaître ainsi, une fois, la pensée de sa femme. Il y a tant de maris qui ne pourraient pas en dire autant !

IX

LUNATIQUES PROPOS

C'était un fameux savant que le docteur Zéphyrin Kroum-Pétard de la faculté de Philadelphie. Astronomie, médecine, chimie, géométrie, il savait bien tout et particulièrement le reste : entendez par « le reste » ce qui, depuis l'origine du monde, constitue le meilleur du bagage de ces gens-là, à savoir un formidable toupet, de la faconde à revendre, et un penchant estimable à se moquer des imbéciles. En venant s'installer en France, cet Américain facétieux était sûr d'en rencontrer beaucoup et de ceux-là précisément qui font la fortune rapide des étrangers, car il suffit qu'un monsieur vienne de loin pour que nous lui croyions du génie. C'est une curiosité de notre histoire, que, depuis la Médicis jusqu'à nos jours, en passant par Mazarin et Buonaparte, un Italien n'ait guère cessé de présider à nos destins politiques. En ce temps-là, l'Italie paraissait une contrée lointaine. Maintenant nous sommes plus exigeants.

Donc, le docteur Kroum-Pétard avait bien vite et bien aisément fait parler de lui. A l'Observatoire et à la clinique, il était également connu. Les passages de Vénus n'avaient pas de secrets pour lui, et lui-même n'avait pas son pareil pour découper vivants de malheureux caniches et chercher dans leurs cervelles ouvertes le germe de la fidélité qui les rend si différents des humains ! Le monde politique était venu à lui, ce qu'il doit faire maintenant quand il désire engager des relations. Il était officier de la Légion d'honneur, comme beaucoup d'exotiques personnes qui eussent été fort empêchées de se faire décorer dans leur propre pays. M. Barthélemy Saint-Hilaire, qui était déjà dans le mouvement, et y apportait le sentiment de modernité qu'on peut attendre d'un traducteur d'Aristote, lui faisait une cour assidue. C'était tout simplement l'alliance américaine que notre rusé diplomate cajolait pour la République future. Les salons de notre héros étaient donc de vrais salons, à savoir des endroits périodiquement pleins de gens correctement mis, s'ennuyant à l'heure et buvant de fades sirops pour tuer le temps. Quelques artistes dont le docteur avait soigné le larynx par une méthode nouvelle, dite méthode électrico-capillaire, venaient y chanter des cavatines et y exécuter un tas de gargouillades savantes. Mme Kroum-Pétard faisait à merveille les honneurs de ces fêtes assommantes.

Fort agréable à voir, Mme Kroum-Pétard, une Varsovienne aux yeux et aux cheveux noirs, avec des dents superbes et un air déluré tout à fait avenant. Aimait-elle son mari? — Comment, c'est vous qui me faites cette bête question-là ! — Certainement, elle l'aimait ! Les charlatans ont toujours pour eux les femmes. Il y a peu de gens plus adorés dans leur ménage que les dentistes. On cite des ministres qui ont fait des passions. Oui, messieurs, Lodoïska avait pour son époux l'admiration mêlée de reconnaissance qui est tout ce qu'un homme sensé doit souhaiter chez sa légitime compagne. Mais lui était-elle fidèle ? — Décidément, vous avez aujourd'hui la spécialité des curiosités saugrenues ! — Certainement non ! Et

elle avait bigrement raison, la belle créature !
Cela n'a rien de contradictoire, au moins. Beaucoup de femmes sont ainsi qui ont des amants,
mais dont le mari est cent fois plus à envier,
parce que sa part est sensiblement la meilleure,
outre qu'elle est la moins sujette aux remords
intempestifs. C'est ce que M. Naquet a fort bien
compris en se faisant l'apôtre du divorce, lequel
permettra aux amants constants de goûter, à leur
tour, les douceurs de la possession officielle. J'ai
été trop souvent frappé, dans les ménages à trois,
de la situation injustement humiliante de l'amant.
Les trois quarts du temps, c'était lui le vrai cocu. Il
faudra bien que cela change ! Et maintenant vous
savez comme moi que l'opulente Lodoïska avait
des faiblesses pour les amis du docteur. Un, surtout, le joli attaché d'ambassade Ferdinand de
Castelmouillé tenait la corde (ne devrait-on pas
dire : la *corne*, dans ces cas-là ?), au moment où
commence cette aventure.

Quelle soirée, mes enfants ! Un grand dîner
l'avait précédée, puis on avait écouté quelques
gargouilleurs célèbres. Actuellement on effectuait

une petite sauterie dans le grand salon, tandis
qu'on jouait au whist dans les autres, à moins
qu'on n'y causât, le dos aux cheminées, des choses de la science et du gouvernement. Mais à minuit, à minuit seulement, devait avoir lieu la
grande surprise, une surprise astronomique !
Vous verrez comment le hasard l'avança ! Le
docteur devait montrer, à ses invités, la lune !
Voici comment et à quelle occasion : il avait récemment découvert un nouveau corps simple,
un métal infiniment plus précieux que l'or et
l'argent par ses admirables propriétés. De là à
fonder immédiatement une société de capitalistes
pour l'exploiter, au grand bénéfice de l'industrie
et au leur, il n'y avait qu'un pas franchi bien vite.
Malheureusement cette exploitation n'était pas
précisément facile, ce merveilleux métal n'exis-
tant pas en quantités appréciables dans la terre,
tandis qu'il était répandu à profusion dans d'autres planètes et dans la lune en particulier.
M. Kroum-Pétard n'en avait pas été moins d'avis
de prendre immédiatement un brevet, et surtout de faire verser l'argent tout de suite aux
actionnaires. Les plus considérables, parmi ces
derniers, étaient de la petite fête, et c'était pour

eux surtout qu'une magnifique projection électrique du globe montueux qui fut jadis habité par l'âme de Phébé devait être faite au moyen des procédés les plus puissants.

Le docteur avait un appartement on ne peut mieux disposé pour ce genre d'expériences. Occupant tout un étage de la maison, il possédait un immense laboratoire vitré faisant retour, et s'étalant, après un double coude, de façon à faire face à ses salons. C'est là qu'il avait installé un foyer électrique d'une intensité effroyable et qui n'attendait, pour s'allumer, que le rapprochement des deux charbons entre lesquels devait jaillir la lumière. Une carte de la lune, des réflecteurs et un large écran blanc étendu en hauteur sur un des panneaux de la principale pièce complétaient les apprêts, actuellement dissimulés dans l'ombre, de cette scientifique solennité que devait commencer un bout de conférence sur les richesses minérales des mondes inexplorés.

En attendant, on dansait des polkas.

Pas tout le monde cependant. Dans le laboratoire actuellement vide et enveloppé dans une parfaite obscurité, Lodoïska était venue faire un bout de retraite... Seule ? Vous voulez rire ! Le beau Ferdinand de Castelmouillé avait quitté la danse cinq minutes avant elle. On ne s'en était seulement pas aperçu dans le brouhaha des sautillements. Je suis un bon enfant, mais pas au point de vous révéler le projet de ces deux fugitifs. Si vous ne le devinez pas, tant pis pour vous ! Ils s'étaient vite retrouvés dans la nuit à la suite de délicieux tâtonnements à travers les appareils dont la pièce était remplie. Comment Mme Kroum-Pétard fit-elle un faux pas ? Comment, en la voulant retenir, le beau Ferdinand mit-il le doigt sur le bouton qui rapprochait les deux charbons du foyer électrique !... Imaginez toutes les fatalités que vous voudrez. Toujours est-il qu'au moment même où Lodoïska s'étalait, sa robe se relevant par-derrière de toute la raideur de ses jupons empesés et de façon à entourer d'un magnifique éventail tuyauté sa voluptueuse chute de reins, une immense clarté, blanche, argentée, impitoyable faisait jaunir piteusement les bougies et les lampes dans le salon et projetait ce spectacle inattendu sur l'écran préparé pour les expériences du docteur. Un cri de surprise, que suivit un immense éclat de rire, s'échappa de toutes les poitrines. Les danseurs se tenaient les côtes. Les gens sérieux accouraient de devant les cheminées et de derrière les tables de whist.

— La lune! La lune! criait-on de tous côtés.

Le docteur Kroum-Pétard, bien que furieux, ne perdit pas la carte.

— Oui, messieurs, la lune, venue plus tôt que je ne l'attendais, fit-il avec autorité.

Le pauvre Agénor-Polycarpe Visalœil, qui servait alors de garçon de laboratoire à M. Kroum-Pétard et promenait tristement des orgeats et des groseilles dans la soirée, en laissa choir son plateau, et un des forts actionnaires de la future Compagnie minière écrivait gravement sur son carnet :

— La lune n'a, bien qu'en aient dit les savants, que deux montagnes, mais elles sont de l'aspect le plus riant !

X

LA FAUSSE DIANE

Une belle nuit d'hiver, Agénor-Polycarpe Visaloeil, qui aimait éperdument la lecture, venait de fermer le tome X des œuvres de feu Bouchardy, quand il s'écria :

— Mais c'est de la pharmacie aussi ça !

Et, poursuivant l'idée entrevue :

— Tant de grammes de terreur, tant de grammes de pitié, tant de grammes d'amour, une quantité quelconque de mauvais français, roulez et faites cinq pilules. Ce n'est pas plus malin que ça ! Et moi aussi je suis auteur dramatique ! Assez levé de chemises, levons les rideaux ! Cinquante centigrammes de rire dans deux cents grammes de larmes distillées ! Agiter avant de s'en servir ! c'est ce que j'ai toujours fait !

Et, cédant à l'émotion de sa découverte, Agénor s'élança de son lit et courut pieds nus jusqu'à la chambre de son parrain, malgré l'heure ridicule de cette visite.

Je vous ai déjà présenté celui-ci, l'excellent docteur Trousse-Cadet, célèbre à dix lieues à la ronde pour son embonpoint et sa myopie. Trousse-Cadet ne dormait pas non plus. Ayant pris l'image de la lune sur son parquet fraîchement ciré pour un commencement d'incendie, il était en train de le conjurer en inondant sa chambre, quand son filleul frappa à sa porte. L'entrée de la lumière dissipa l'illusion fâcheuse du brave homme, et l'entretien s'engagea immédiatement entre les deux noctambules.

Agénor fit part à son tuteur naturel de sa remarque judicieuse et de sa nouvelle vocation. Il lui parla avec enthousiasme des débouchés infiniment plus nombreux qui rendaient l'art de Molière très supérieur à celui de Purgon. Il cita M. Scribe qui avait gagné une immense fortune déjà à écrire des comédies et des vaudevilles. Le docteur, plein d'indulgence pour les folies de son protégé, ne trouva aucune objection à ses propos. Il encouragea même celui-ci.

— Justement, fit-il, le conseil municipal vient, sous ma présidence, d'attribuer une subvention de trois mille vingt-deux francs cinquante au directeur de la nouvelle troupe, M. Cascarini. Ce sera bien le diable s'il refuse une pièce présentée sous mes auspices ! Mets-toi à l'œuvre, mon garçon, et je te mènerai moi-même chez cet impresario qu'on dit plein d'initiative, bien que constamment martyrisé par la jalousie de sa femme.

Huit jours après, tout au juste, Agénor avait mis au monde cinq actes avec couplets sous ce titre heureux : *La Fausse Diane* ! Il avait imaginé qu'une jeune farceuse prenait toutes les nuits les traits de Diane pour séduire un Endymion qui, aussi peu délicat qu'elle, faisait semblant de dormir pour la regarder danser toute nue dans un rayon de lune. C'était un peu leste, mais trop mal écrit pour ne pas séduire un directeur habitué à la littérature de ce genre.

Comme l'avait prévu le sagace Trousse-Cadet, M. Cascarini n'eut rien à refuser à un président du conseil municipal qui lui promettait tout bas cinq cents francs de plus de subvention que le chiffre d'abord convenu. Ces choses-là se passent en province comme à Paris. Là aussi on trouve des impresarii prêts à manquer de parole à tout le monde pour s'attirer un sourire doré de l'autorité. La *Fausse Diane* fut déclarée un chef-d'œuvre tout simplement et, après l'avoir simplement parcourue, Cascarini envoya cette dépêche à Agénor : « Commencerai répétitions demain. » Trousse-Cadet et son filleul, qui la reçurent à table, faillirent en avaler leurs fourchettes de joie et de saisissement. Ils coururent au théâtre. La distribution eut lieu immédiatement. M. Cascarini, qui payait de sa personne, dans la troupe, se chargea du rôle d'Endymion, malgré les protestations furieuses de son épouse Virginie, qui lui interdisait formellement les rôles à maillot. Quant à celui de Diane, il fut donné à Mlle Noémi Boucan, l'étoile de la maison, mais pas une « étoile en herbe », comme l'a écrit un des princes de la critique. Une étoile en plein épanouissement de chairs roses et blanches, avec un beau rayonnement de cheveux d'or autour du front, une vraie planète, mes amis, ronde et sémillante. A la vue de cette belle créature, Trousse-Cadet, qui avait mis ses lunettes, se sentit rajeuni de vingt ans, et Agénor improvisa immédiatement le sonnet qu'il devait lui lire trois jours après :

Superbe créature,
D'un jeune homme si doux
Quel charme trouvez-vous
A faire la torture?

Humble dans ma posture
Et simple dans mes goûts,
J'effeuille à vos genoux
Les fleurs de la nature.

Je suis, comme Ponsard,
Un poète sans art :
Si vous étiez Lucrèce,

Si j'étais Collatin,
J'aurais mis en latin
Ce que je vous adresse!

Enfin le jour... ou plutôt le soir de la première représentation arriva. La presse parisienne fut convoquée, mais il est juste de dire qu'elle ne se dérangea pas. Seuls les docteurs Louffard, Pétosiris, Baudet-Bassin, amis du docteur Trousse-Cadet, se rendirent à la pressante invitation de leur vieux camarade. Des affiches de six pieds de haut pavoisaient positivement les murs et les habitués du cercle des Croquignoles, dont Trousse-Cadet faisait partie, avaient illuminé. M. le

préfet, qui était depuis six mois dans le pays,
— ça se voyait encore dans ce temps-là, — était
venu du chef-lieu tout exprès et un dîner avait
été organisé, dîner officiel, s'il vous plaît, chez le
capitaine de gendarmerie, M. de Boute-Selle.
Cascarini, bien que partagé entre ses devoirs de
directeur et les exigences du rôle qu'il allait créer,
n'en semblait pas moins affreusement distrait. Sa
femme furibonde avait proféré contre lui les plus
affreuses menaces. C'est que Virginie portait, en
elle, l'âme d'un Othello, qu'elle avait déjà pincé
plusieurs fois son infidèle et que l'idée de le voir,
malgré sa défense, dans le costume avantageux
d'Endymion, l'avait exaspérée.

Au moment d'entrer en scène, le malheureux
Cascarini s'était aperçu qu'une lucarne véritable
avait été découpée, dans la paroi de la loge où il
s'habillait, par une main criminelle. C'est par là,
sans doute, que la perfide Virginie méditait de
lui envoyer au visage quelque liquide corrosif ou
quelque autre invention abominable, comme en
ont eu les femelles jalouses dans tous les temps.
Aussi, à l'entr'acte suivant, Cascarini ayant vaine-

ment essayé de boucher le pertuis menaçant, s'était résolu à se mettre sur la défensive et en état de soutenir le siège en ripostant. Il avait donc préparé une série de projectiles à sa portée pour mitrailler à son tour l'assaillante. De plus, il avait disposé une glace de façon à pouvoir suivre, tout en tournant le dos, les opérations extérieures dont la lucarne pourrait être l'objet. Ainsi fortifié, il attendait l'attaque, sinon avec impatience, au moins avec résolution.

Cependant le quatrième tableau venait de s'achever sur d'unanimes applaudissements. Seul le docteur Louffard, tout à fait incorrigible, ne s'était pas réveillé, même au bruit des bravos. Cet acte était celui où la belle Noémi Boucan apparaissait dans un rayon lunaire, costumée en nymphe, c'est-à-dire à fort peu près nue. L'effet avait été immense. Le docteur Pétosiris en avait laissé tomber son râtelier qui avait pincé le bout du pied de sa voisine, et le docteur Baudet-Bassin, en voulant violemment embrasser la sienne, s'était fait gifler par le mari de celle-ci qu'il n'avait pas vu. Quant au docteur Trousse-Cadet, il était positivement dans le délire. Après avoir indignement bousculé, sans même s'être excusé, M. le préfet et M. le capitaine de Boute-Selle, qui venaient le féliciter, il s'était rué dans les coulisses, demandant à tout le monde, au choriste (il n'y en avait qu'un), au pompier (c'était le seul), et au musicien (c'était un soliste), où était la loge de cette incomparable comédienne. Ce fut le pompier qui lui indiqua l'étage, mais ne put lui révéler le numéro. Trousse-Cadet monta donc cahin-caha, en vrai myope qui se heurte à toutes choses comme les hannetons. Il se trouva ainsi à l'étage indiqué, après s'être fait choir deux ou trois quinquets sur sa redingote. Mais que lui importaient ces menus accidents ! L'amour lui avait allumé des pétards dans les moelles et il courait comme poursuivi par un feu d'artifice. En tâtant mieux qu'en voyant, une lucarne se présenta à lui, une ouverture ronde donnant sur une loge d'artiste. En retenant son souffle, il en approcha doucement sa figure et aperçut tout d'abord avec enchantement une masse rose et vivante, que l'illusion revêtit pour lui des contours les plus harmonieux. C'était elle ! Elle ! la Noémi ! la Diane ! dans l'appareil le plus simple d'une actrice qui se déshabille loin des regards curieux. Tout à coup et malgré lui, le docteur poussa un soupir qui trahit sa présence. Aussitôt la masse se retourna brusquement et le malheureux Trousse-Cadet reçut en pleine figure le contenu d'un vase qu'il n'avait pas aperçu, plus une pomme verte, plus une pantoufle, plus un pot de cold-cream.

L'infortuné tomba à la renverse en poussant de grands cris.

Ce fut, dans le théâtre, une indescriptible rumeur. Mlle Noémi Boucan, croyant que les cris partaient de la loge de son directeur, s'y précipita en chemise. Mme Cascarini, y arrivant juste en ce moment et, croyant tomber sur un flagrant délit, commença à lui adresser une raclée en règle. Pendant que Cascarini s'interposait entre ces deux ménades, Trousse-Cadet, revenu à lui, et vainement retenu par son filleul Agénor, se démenait en criant : A l'assassin ! Les docteurs Pétosiris et Baudet-Bassin, immédiatement mandés, se mirent à saigner le choriste qui, de saisissement, avait perdu connaissance. Sur une fausse indication du musicien, le capitaine de Boute-

Selle arrêta le pompier... Et, pendant que ce tohu-bohu se démenait derrière la toile, le docteur Louffard, se réveillant enfin de son calme rêve, se mit à applaudir, tout seul, dans la salle complètement vidée.

Inutile d'ajouter que le cinquième acte de la *Fausse Diane* ne vit pas le jour. Le lendemain, Trousse-Cadet, toujours exaspéré, fit retirer sa subvention au malheureux Cascarini. Mais celui-ci vint s'établir à Paris, seul endroit du monde où les directeurs subventionnés fassent tout ce qui leur plaît... et où celui-là s'en donna. Ce que c'est que de nous ! Cette ridicule aventure a vraisemblablement privé la France d'un auteur dramatique sérieux. Car, encore une fois, comme l'avait fort bien remarqué le jeune et infortuné Agénor-Polycarpe Visalœil, la véritable école du théâtre contemporain, c'est la pharmacie. C'est en dosant, en infusant, en diluant, en pesant et soupesant qu'on peut seulement apprendre l'art divin... non pas de Sophocle, d'Eschyle et de Corneille, mais de ceux qui les remplacent aujourd'hui.

XI

LE CHEMIN DES GRANDEURS

Encore meurtri des mésaventures de sa première et unique comédie, Agénor-Polycarpe Visalœil se promenait, mélancolique malgré les sonores gaietés d'un jour de printemps, dans le jardin de son parrain Trousse-Cadet. Le désœuvrement inspire quelquefois d'étranges idées. Il tenait machinalement à la main le dernier discours de M. Rouher. Comment ses yeux distraits y tombèrent-ils ? Ce qui est certain, c'est qu'il n'en eut pas lu cinquante lignes qu'il se dit à lui-même :

— Huit cents grammes de toupet, cent quatre-vingts de vérité spécialement achetée chez M. de la Palice, dix-neuf d'ignorance crasse et un de patriotisme. En tout mille grammes et un succès oratoire immense ! La politique aussi est de la pharmacie ! Tout n'est donc que pharmacie ici-bas !

Il n'achevait pas ces mots audacieux qu'un jet d'eau tiède lui arrivait en pleine figure. Ayant regardé autour de lui, il aperçut à la fenêtre son parrain qui, un traité de balistique sous les yeux, essayait la force propulsive d'un nouvel irrigateur de son invention pour les tempéraments rebelles et les caractères cachotiers.

En entendant l'exclamation de son filleul, Trousse-Cadet éclata de rire.

— Ne bouge pas ! s'écria-t-il, que je voie à combien de mètres tu étais du point de tir.

Et, descendant précipitamment de son cabinet, une aune à la main, l'excellent homme mesura consciencieusement la projection horizontale de la trajectoire décrite.

— Vingt-deux mètres cinquante-cinq centimètres ! fit-il avec orgueil. Il y aurait de quoi aller laver jusqu'au fond de l'âme d'un usurier !

— Et celle d'un homme politique ? demanda Agénor.

— Le double ne serait pas de trop ! répliqua Trousse-Cadet. Mais pourquoi diable cette question ?

— Parce que je songe à me faire une carrière dans cette partie.

— Dieu puissant ! Toi qui avais un si bon naturel !

Puis après un moment de réflexion :

— Tu as, au fait, raison, poursuivit lentement le sage docteur. Tu n'as pas réussi dans l'art dramatique, tu n'as jamais été qu'un élève apothicaire médiocre et sans vocation réelle, tu ne sais pas grand'chose au fond, pas même faire des vers. La politique est peut-être ce qu'il te faut. Il te manque probablement un peu de canaillerie, mais ça s'apprend dans le monde où tu entreras. Tiens ! tu as toutes les veines. Je vais tout à l'heure faire une visite chez notre député, M. Petcordial, dont la fille Valentine est souffrante. Je lui dirai ton désir, et c'est un homme excellent qui pourra te conter comment il est parvenu. Tiens ! je vais emporter mon nouveau Krupp. Qui sait ce qui peut arriver ?

Le grand salon où M. Petcordial reçut le parrain de son filleul était d'un goût sévère. Un grand portrait de Napoléon III faisait face aux fenêtres ; sur la cheminée un buste de Mirabeau, sur une table, des brochures et des revues, entre deux portières une lithographie représentant ledit Petcordial en train de distribuer des fleurs à des pompiers. Antithèse véritable, une causeuse élégante derrière un tapis sur lequel deux roses à demi effeuillées étaient tombées. Quand M. le député introduisit le docteur et Agénor dans ce lieu de réception, celui-ci crut avoir vu remuer vaguement une des portières. S'étant assis sur une chaise, vis-à-vis de la causeuse, il aperçut sous celle-ci un objet que ses yeux définirent mal dans la pénombre où il était plongé.

— Ma fille va mieux, dit le grand homme, et vous la trouverez, cher docteur, encore dans sa chambre, mais levée. Je ne vous accompagne pas, pour vous laisser plus de liberté.

— Et je vous en remercie, répondit Trousse-Cadet. Car voici un jeune garçon, mon filleul, que j'aime comme un fils, qui, à son tour, a besoin d'une consultation que vous seul pouvez lui donner.

— Visite pour visite, cher docteur! Tout à la disposition de monsieur.

Et quand le docteur Trousse-Cadet eut quitté la pièce, après force salutations :

— En quoi puis-je vous être utile, jeune

homme? demanda affectueusement M. Petcordial à Agénor.

— En m'apprenant comment on devient député, répondit celui-ci.

M. Petcordial fit une légère grimace.

— Soyez assuré, monsieur, ajouta Agénor qui avait compris, que je ne me présenterai jamais dans cet arrondissement. D'abord j'en suis originaire.

— Il suffit. Vous connaîtriez trop les besoins du pays, et le gouvernement, qui n'aime pas qu'on l'ennuie avec ces choses-là, refuserait certainement de vous y patronner. Dès que j'ai votre parole à ce sujet, je ne demande pas mieux que de vous donner la route à suivre.

M. Petcordial s'assit sur la causeuse. Agénor crut bien entendre un soupir étouffé derrière la portière, mais il s'imagina qu'il était le jouet de quelque illusion.

— « Quelle fortune vous laissera votre parrain? reprit M. Petcordial.

— Tout ce qu'il a, j'en suis convaincu.

— Oh! oh! cela fait un joli denier et la chose se simplifie beaucoup.

— Je ne voudrais pas, au moins, acheter mes électeurs !

M. Petcordial se contenta de hausser les épaules à cette exclamation saugrenue.

— Il ne s'agit pas encore de cela. On achète ses électeurs avec du veau et de la salade. Nous reviendrons plus tard sur cet indigeste menu. Avez-vous du goût pour le mariage ?

— Certaines de ses pratiques ne me répugnent en rien !

— Voyez-vous le petit polisson ! Eh bien ! il faut vous marier. On n'arrive dans la politique que par les femmes.

— Pardon ! pardon ! monsieur, mais je ne voudrais pas non plus...

Pour le coup, M. Petcordial frappa violemment sa cuisse en signe d'impatience.

— Vous ne savez pas, monsieur, fit-il après une petite pause et d'un air dédaigneux, ce que c'est qu'une véritable femme du monde, la seule qui puisse pousser son mari dans la carrière où vous voulez vous engager. Être aimable avec tous sans se compromettre avec personne, semer les

espérances sans rien accorder jamais, inspirer les
désirs et réprimer les audaces avec une inflexible
sévérité, cacher sous des dehors de sirène les
rigueurs d'un dragon de vertu, voilà ce qu'est la
vraie femme qu'il nous faut, à nous autres gens
de politique, voilà la collaboratrice prudente,
assidue, dévouée, irréprochablement fidèle que
j'ai trouvée dans Mme Petcordial. Eh bien, monsieur, je n'y vais pas par quatre chemins. Vous me
plaisez malgré votre extraordinaire naïveté, peut-
être même à cause d'elle ; vous aurez du bien et
je possède une fille qui est tout le portrait de sa
mère, au moral surtout, c'est-à-dire joignant à
d'inflexibles principes toutes les adresses et toutes
les finesses de son sexe.

— Oh ! monsieur, quel honneur !...

— Et regardez quel avantage pour vous ! je
me désisterai, un jour ou l'autre, en votre faveur. Je suis un peu fatigué de traîner le char
de l'État.

— Hélas ! je suis de l'arrondissement !...

— Vous promettrez au gouvernement d'en
oublier les besoins et il passera là-dessus. Nous
ferons notre programme ensemble. Vous promettrez tant que le gouvernement, qui a l'habi-

tude de ces choses-là, verra bien que vous n'avez l'intention de rien obtenir.

— Je suis confondu de reconnaissance !

A ce moment un cri terrible retentit à l'étage supérieur.

— Mon Dieu ! qu'a ma fille ? s'écria M. Petcordial.

Et, s'élançant comme la foudre, il disparut.

La porte ne s'était pas refermée derrière lui que la portière se souleva brusquement.

— Mon enfant ! mon enfant ! s'écria une femme affolée qu'un gros monsieur essayait de retenir.

— Clémentine ! vous n'y pensez pas ! et votre corset ? disait celui-ci.

Clémentine, qui, en effet, avait les épaule nues, s'élança vers la causeuse, et, plongeant les mains dessous, en tira l'objet qui avait si fort intrigué Agénor, un corset élégant qu'elle passa fiévreusement autour de sa taille opulente. Puis elle releva sa magnifique chevelure en désordre, et, ramassant quelques épingles tombées avec les fleurs sur le tapis, la tassa lourdement sur sa nuque.

— Adieu ! fit-elle à l'inconnu, et elle se sauva.

Alors celui-ci, un grand diable qui n'avait pas l'air d'avoir envie de rire, s'avança vers Visa-lœil :

— Jeune homme, lui dit-il, d'une voix peu caressante, en faisant le moulinet avec un jonc élégant, mais solide, si jamais j'apprends que vous contez ce que vous venez de voir, je vous coupe d'abord les oreilles et vous envoie ensuite *ad patres*, d'un bon coup d'épée.

— Vous pouvez être tranquille, monsieur, vous m'en ôtez toute envie !

— C'est que je m'appelle Gontran de Mollasperge et qu'on ne plaisante pas dans ma famille !

Ce nom était celui d'une portée de hobereaux qui représentaient le parti légitimiste dans le pays et dont les voix composaient un appoint indispensable à l'élection de M. Petcordial.

Et, ayant rabattu son chapeau sur sa tête, d'un revers de main et avec un air menaçant, M. le vidame Gontran de Mollasperge disparut à son tour.

— Eh bien, pensa Agénor, si c'est ça ce qu'il appelle : inspirer les désirs et réprimer les audaces, semer les espérances sans rien accorder et cacher sous des dehors de sirène les rigueurs d'un dragon de vertu... cré nom ! C'est ce que j'appelle faire son mari cocu, moi ! Et sa fille qui lui ressemble au mor... non à l'immoral, merci !

Le docteur Trousse-Cadet entra comme un coup de tonnerre, poursuivi par la famille Petcordial, au grand complet, des épithètes les plus injurieuses, telles que : vieil âne ! bourrique ! crétin ! sapajou !

— Suis-moi ! dit-il d'un ton d'autorité à Agénor.

— Où, mon parrain ?

— Chez le commissaire. Nous verrons bien si on a le droit d'insulter un médecin dans l'exercice de ses fonctions !

— Nous vous y suivrons, animal ! s'écria M. Petcordial exaspéré.

Tout s'expliqua chez le commissaire, en effet. Étant arrivé aux cris poussés par sa fille, M. Petcordial avait trouvé celle-ci faisant du trapèze en chemise à la tringle des rideaux.

Il paraît que le nouvel appareil hydraulique, inventé par M. Trousse-Cadet et expérimenté sur elle avait une force de propulsion telle que la pauvre enfant avait été enlevée et précipitée contre la fenêtre comme un boulet de canon. Un hasard providentiel lui avait permis de se cramponner à temps aux tentures de la croisée.

— J'ajouterai un modérateur, se contenta de penser Trousse-Cadet.

Mais la fortune politique de son filleul était à jamais ruinée par sa brouille avec les Petcordial, qui avaient de grandes influences dans le pays.

— Tant mieux ! se dit-il. Au moins je n'épouserai pas cette demoiselle qui est tout le portrait de sa maman !

Pauvre Agénor ! Les hommes politiques sont plus trompés que les autres, mais on peut être trompé et simple citoyen.

XII

FEMMES DU MONDE

Il y avait, ce soir-là, réception au cercle national de Champignol-en-Vexin. On y avait copieusement et finement dîné, par précaution, l'ouverture de la chasse allant prendre fin. On y causait, les coudes sur la table, pose interdite par la civilité puérile et honnête, mais commode devant les tasses de café fumantes encore, un bon cigare aux lèvres et entre joyeux compagnons. On y causait... de quoi? Parbleu! des femmes. Le docteur Trousse-Cadet contait ses amourettes d'antan avec les fillettes du pays. Le receveur Ventadour extrayait péniblement quelques quittances — en blanc pour la plupart — du registre à *couche* de ses bonnes fortunes. Le commandant Laripète essayait de faire croire que c'était toujours lui qui avait trompé sa femme.

— Moi, je n'aime que les Parisiennes ! fit sentencieusement l'avoué Bocdelet.

— Et moi aussi ! répondit négligemment le banquier Pécouli.

— Vous m'étonnez, mon cher, reprit Bocdelet, puisque jamais vous n'allez dans la capitale.

— C'est que la capitale vient à moi ! conclut en souriant Pécouli.

— Vous me faites rire, mon bon ! Avec ça que les joyeuses filles qui font l'ornement de cette Babylone contemporaine quitteraient leurs gais soupers, leurs bals étincelants, tous les enivrements de Paris, en un mot, pour venir filer ici le parfait amour avec un homme cossu, j'en conviens, mais quinquagénaire ?

— Pardon, monsieur, riposta Pécouli blessé, mais je vous ai parlé des Parisiennes et vous me parlez des cocotes. Il y a une nuance.

— Je vous ai parlé des femmes auxquelles on peut arriver avec de l'esprit et quelque fortune.

— Libre à vous, monsieur, de vous contenter de celles-là. Je suis plus difficile que vous et les Parisiennes que j'entendais sont des femmes du monde.

Un immense éclat de rire accueillit cette proposition du vaniteux Pécouli.

Mais celui-ci ne se déconcerta pas un instant.

—Il n'y a, fit-il, que les provinciaux qui croient se décrasser en allant, de temps en temps, passer deux jours à Paris, pour mal connaître les mœurs et les ressources de cette admirable cité. Ils y prennent la vie d'hôtel, de restaurant et de bastringue pour la véritable, et s'imaginent qu'ils y ont fréquenté la vraie société en passant une soirée à Mabille ! Moi, je n'ai jamais mis les pieds à Paris, mais j'ai lu Balzac et Arsène Houssaye. Je les lis tous les jours, je les sais par cœur et j'ai conclu, de leurs œuvres immortelles, que ce sont les imbéciles seuls qui s'adressent aux courtisanes, quand tous les rouages du monde élégant semblent absolument conçus pour fournir des maîtresses aux hommes d'esprit.

— Vous êtes dur, Pécouli, fit M. Bocdelet.

— Je ne suis pas dur, je suis juste. Je ne parlerai pas de l'aristocratie qui, dans le monde parisien, est devenue un vain mot. Tout le monde sait qu'il ne pousse plus que de l'herbe dans le faubourg Saint-Germain. On y fait les foins trois fois l'an, comme en Normandie. Mais la bourgeoisie actuelle, grande et petite, n'a rien à envier, au point de vue de la légèreté des mœurs, aux aimables viveurs et aux délicieuses catins titrées de la fin du dernier siècle. Seulement cela est mieux caché et il faut être fin pour en profiter. Savez-vous, par exemple, combien il y a de femmes séparées à Paris ?

— Cinquante-sept, fit le commandant Laripète, qui, pendant cette dissertation, faisait une partie de dominos avec le docteur Trousse-Cadet.

— Non ! monsieur, onze mille ! se crut obligé de lui répondre avec véhémence le banquier Pécouli.

— Les onze mille vierges ! hasarda le receveur Ventadour.

— Non, monsieur, pas vierges du tout. Voilà déjà un stock de personnes accessibles à l'amour délicat et discret d'un parfait gentleman. A Paris, ces dames risqueraient d'être compromises par quelque godelureau évaporé. Ici, dans notre vieille province, elles trouvent ce mystère qui sied aux amours des gens bien élevés.

M. Bocdelet était positivement stupéfié.

— Et les femmes de petits employés dans les administrations ! continua avec feu Pécouli. Quelle mine ! On est coquette et le mari ne gagne que de maigres appointements. Car, au fond, ce que l'Europe envie à notre bureaucratie française, c'est l'économie avec laquelle elle est rétribuée. Qui donc oserait dire qu'un ministère qui paye dix-huit cents francs ses commis gaspille l'argent de l'État ? — Ce mari gagne-petit est d'ailleurs honnête. Mais il est aveugle, parce qu'il est généralement amoureux, en rentrant le soir, chez lui, après huit heures de rond de cuir. Mais madame a une cousine en province ; — on y va passer deux jours et on revient avec un cadeau de la vieille cousine. La vieille cousine, c'est...

— C'est vous ! fit le commandant Laripète qui venait de gagner. Et puis, ajouta-t-il, on a, au moins, le plaisir de tromper un mari !

Pauvre Laripète ! comme cette réflexion te sied bien !

— Tout ça, c'est des romans, fit brusquement l'avoué Bocdelet, jaloux de l'attention prêtée à la conférence de Lovelace Pécouli.

— Des romans ! riposta celui-ci furieux. Et tirant une lettre de sa poche : — Vous allez voir comme c'est des romans ! Écoutez-moi ça :

« Cher monsieur et ami,

» J'ai fait part de vos offres délicates à mon » amie. Elle partira demain soir et vous consacrera » quarante-huit heures. Je vous ai dit son his- » toire. Mariée, à dix-huit ans, à un médecin in- » digne de ce titre glorieux... »

— Bravo ! interrompit Trousse-Cadet. C'est joliment écrit.

M. Pécouli reprit, après lui avoir lancé un regard furieux : « Elle a dû quitter bientôt le toit conjugal pour échapper aux traitements d'un magistrat indigne... »

— Je croyais que c'était un médecin !

— Silence donc !... « D'un magistrat indigne de ce nom honorable et à qui elle avait confié sa première faute... Une faiblesse bien excusable pour un capitaine indigne... »

— La canaille ! dit Laripète.

— « Vous voyez, continua Pécouli, après avoir

bredouillé quelques phrases intermédiaires, combien elle est intéressante et quelles précautions vous devez prendre pour ne pas la compromettre ! Car son indigne époux qui l'aime toujours, la fait sans cesse épier. A vous, homme d'honneur, je ne cacherai pas son vrai nom : elle s'appelle Blanche de Croquenville. Quant au nom de son mari, nom illustre dans les annales de la science, vous me permettrez de vous le taire. Rendez-la heureuse. Elle le mérite. A vous de cœur.

» O. DE LA CHICHOLAYE. »

« *P. S.* Nous n'attendons que les cinq cents francs du voyage. »

— Quelle est cette dame de la Chicholaye ? demanda l'avoué Bocdelet.

— Une charmante personne du monde le plus élégant et que j'ai rencontrée cette année aux bains d'Alvare. Séparée aussi de son mari, bien entendu. C'est la troisième de ses amies dans le même cas qu'elle m'envoie. Toutes des femmes distinguées et charmantes comme elle, de vraies Parisiennes, en un mot.

— Une seule chose me chiffonne, ajouta le receveur Ventadour. C'est que le voyage de Paris à

Champignol, aller et retour, ne coûte pas cinq cents francs.

— Vous comptez, pauvre diable d'employé que vous êtes, sans les précautions hors de prix qu'une honnête femme est obligée de prendre en pareil pas ! conclut le banquier Pécouli en haussant les épaules.

— Il est fort tout de même, cet animal-là, pensa l'avoué Bocdelet. Moi qui croyais avoir passé vingt-quatre heures délirantes, à mon dernier voyage à Paris, avec cette Irma Zoulou que j'avais tout simplement rencontrée aux Folies-Bergères ! Il n'y a pas à dire ! ça n'a pas le chic d'une femme dont le mari est un prince de la science. Pécouli a raison. La vraie Parisienne, c'est la femme qu'il dit !

Et Bocdelet conçut immédiatement un machiavélique projet.

Ayant pour ami le chef de gare de Champignol, il l'alla résolument trouver et lui demanda la permission de se déguiser, pendant deux jours, en employé du chemin de fer. Celui-ci, qui était un on vivant de chef de gare, autorisa cette fantaisie, et Bocdelet, ayant coupé ses favoris, coiffé d'une casquette et roulant une brouette pleine de faux colis, commença à surveiller activement toutes les arrivées de train. C'est ainsi qu'il vit descendre, dès le lendemain, par un train de nuit, une personne voilée que Pécouli, très reconnaissable malgré son nez en carton et son col dressé en éventail, reçut avec tous les dehors d'une politesse princière.

Pas de doute permis. C'était Blanche de Croquenville !

Ah ! les quarante-huit heures de séjour annoncé parurent longues à l'impatient Bocdelet. Enfin, deux jours après, par un nouveau train de nuit, il vit repartir la belle voyageuse à qui Pécouli avait loué un compartiment entier.

Mais, grâce à son déguisement et en ayant l'air de lui demander à voir son billet. Bocdelet put grimper sur le marchepied, au moment du départ du train, et lui dire :

— Madame, dix mille francs si vous voulez bien me permettre de monter tout à l'heure avec vous.

Qui ne dit mot consent. La belle voyageuse ne

répondit rien et Bocdelet lui jeta un petit portefeuille contenant la somme indiquée.

Puis, à la station voisine, il grimpa dans le compartiment de l'inconnue.

Celle-ci avait gardé son voile. Mais Bocdelet fut bientôt si pressant qu'elle daigna le relever, en lui passant très tendrement les deux bras autour du cou.

— Irma Zoulou ! s'écria-t-il.

— Tiens ! mon vieux, tu me reconnais ! Ça va bien, ma branche ?

Bocdelet faillit avoir une attaque d'apoplexie. Il poussa néanmoins jusqu'à Paris. Quand il en revint, il eut bien envie de couvrir Pécouli de ridicule. Mais il pensa qu'il avait été encore plus grotesque que lui en payant dix mille francs une vertu que le banquier avait obtenue pour cinq cents. Il se résolut, en fin de compte, à faire entendre à tout le monde qu'il avait trompé son ami avec la dame en question, laquelle était vraiment une femme du meilleur monde, en effet.

Par ce procédé adroit, il fit rire aux dépens de Pécouli (ce que ce bon Laripète s'en donna !) et passa lui-même pour avoir eu une bonne fortune.

Aussi maintenant, à Champignol-en-Vexin, ne leur parlez plus des cocotes. Les femmes du monde ! on n'y connaît que ça !

O Balzac ! ô Arsène Houssaye !

XIII

HISTOIRE DE REVENANTS

Cependant le docteur Trousse-Cadet désespérant de faire, en province, une situation à son filleul Agénor-Polycarpe Visalœil, et redoutant, d'autre part, de laisser retourner seul, à Paris, cet inflammable garçon, prit un parti vraiment héroïque, celui de l'y suivre. Tel Mentor s'acharnait aux talons de Télémaque, prêt à le pousser dans la mer à la moindre Eucharys. Le vieux praticien vendit donc sa maison et dit un éternel adieu à Champignol-en-Vexin, généralement blâmé de tous ses amis. Au grand dîner qui lui fut offert par les membres du Cercle des Tardigrades, dont il faisait partie, le commandant Laripète et le maire Ventadour prononcèrent successivement des paroles malveillantes mais émues. Le commandant compara l'émigrant à Annibal affrontant Capoue, et le maire à Empédocle se précipitant dans un abîme. Trousse-Cadet remercia en paroles émues aussi, mais sans fiel. Il fit un double rapprochement très heureux, entre Laripète et Jules César, entre Ventadour et Démosthènes. Après cet assaut d'éloquence, on s'embrassa et le champagne emplit les coupes, pendant que les autres médecins de la localité, ravis d'être débarrassés d'un confrère, chantonnaient dans leurs hautes cravates blanches de pédants : « *Bon voyage, monsieur Dumolet !* »

A peine arrivé à Paris, le docteur, en homme sage, pensa tout d'abord à un logement. Peu confiant dans les renseignements que lui donnait son filleul, il résolut de chercher lui-même quelque demeure bien paisible, dans un quartier bien honnête, où il contracterait un long bail pour s'assurer un repos de plusieurs années. Il explora donc le faubourg Saint-Germain, n'ayant pas pour la vieille noblesse et son voisinage le mépris qu'affectent les godelureaux d'aujourd'hui. Et il avait raison. Car, pendant que les aïeux des cidevants allaient aux croisades, les ancêtres des petits bourgeois d'à présent recevaient des coups de pied au cul, ce qui n'est pas une occupation moins ridicule, pour être moins chevaleresque. Le docteur Trousse-Cadet, bien que libéral, était très disposé à frayer avec des gens de naissance, ayant reconnu qu'ils sont d'ailleurs généralement mieux élevés que les autres. Mais la cherté des loyers, même sur cette rive lointaine de la Seine, dut le faire renoncer à ce projet de fusion entre l'aristocratie et le tiers-état. Les moindres appartements, composés de quatre ou cinq pièces à des étages sublunaires, lui étaient faits des deux et trois mille francs ! à lui dont la maison entière, à Champignol, se louait quatre cents francs ! Le docteur, qui avait conçu dans les journaux une mauvaise opinion des concierges, crut d'abord à une mauvaise plaisanterie de ceux-ci. Quand ils lui énonçaient cette énormité, il leur demandait d'un air ironique et dégagé : — On est nourri, n'est-ce pas ? Ou bien : — On est habillé sans doute ! Les concierges, furieux, l'appelaient vieil imbécile, et il les quittait, les trouvant au-dessous encore de leur détestable renommée.

Alors il songea à quelque quartier oublié du

vieux Paris, où il trouverait certainement une antique maison, avec chambres élevées, dénuée peut-être du confortable moderne, mais plus suivant ses goûts simples, rappelant même un peu, au besoin, la province. Il fit son testament et partit pour le Marais. Après une traversée heureuse, il parcourut pas mal de rues médiocrement pavées, assez obscures, mais qui lui parurent, à lui hygiéniste consommé, devoir être fraîches en été et chaudes en hiver. Dans l'une d'elles, aujourd'hui démolie et qui portait le nom de : rue des Vieilles-Haulmières, un hôtel d'aspect gothique et frisant le délabré frappa sa vue. Une pancarte de location, jaunie par la pluie, pendait à l'huis, extraordinairement mélancolique. *Appartement à louer,* disait-elle, suivant la formule usitée. Donc, cette antique demeure n'était plus occupée par un unique propriétaire. Le docteur poussa la porte qui gémit sur ses gonds rouillés et chercha un concierge qu'il découvrit dans une façon de guérite située au fond de la cour. Contrairement aux autres portiers qu'il avait eu à fréquenter, celui-ci le reçut avec une politesse obséquieuse et lui offrit même, un peu familièrement peut-être, un petit verre de riquiqui. Le docteur, qui aimait les gens cordiaux, accepta sans façon. Le plus bel appartement de la maison était libre, en effet! dix pièces, dont un salon mesurant trente mètres de long sur vingt de large, et une salle à manger, où l'on pouvait manger cinquante sans se toucher les coudes.

— Ce sera beaucoup trop cher pour moi, pensa Trousse-Cadet, mais voyons toujours.

Et il se fit montrer ce logement princier qui était plus grand, en effet, que le musée de Champignol.

— Combien? fit-il avec résolution.

— Huit cents francs.

Pour le coup, il faillit tomber à la renverse.

Sa première pensée fut que l'appartement devait avoir quelque vice rédhibitoire et, curieux, il interrogea le concierge sur mille particularités. Mais celui-ci lui répondit toujours de façon à le rassurer complètement. Il lui demanda enfin à l'oreille un certain détail que les gens bien élevés évitent de mentionner tout haut.

— Certainement, monsieur, qu'ils sont dans l'appartement, et spacieux ! Voulez-vous les voir? riposta celui-ci.

— Merci, fit le docteur, par un temps humide, c'est une promenade que j'évite.

Et, sans tarder davantage, il fit un bail de douze ans, renouvelable à la volonté du propriétaire!

Trois jours après, il couchait dans son nouveau domicile. Ah! monsieur Trousse-Cadet! Laripète et Ventadour, vos vieux amis de là-bas, avaient bien raison! A peine dans Babylone et déjà une Sémiramis! Oui, messeigneurs, le vertueux Trousse-Cadet, ayant retrouvé une ancienne, — Paméla la rôtisseuse, — actuellement retirée des affaires, pas toute jeune, mais assez dodue pour le faire oublier, avait résolu de pendre la crémaillère à sa façon, et éloigné son filleul Polycarpe, pour ne pas lui avoir donné le mauvais exemple. On célébrait des façons de noces d'argent, sinon d'or, dans le grand lit à baldaquin du nouveau locataire, et la lune seule, à travers les volets mal joints de la chambre, éclairait par nappes blanches cette oaristis, quand il sembla au docteur qu'une ombre traversait la pièce rapidement en laissant derrière elle une odeur singulière.

— Un revenant! dit Paméla, qui avait vu aussi et était muette de terreur.

— Une illusion! reprit le docteur qui n'était pas plus rassuré, mais voulait faire l'esprit fort !

— Un revenant! te dis-je, poursuivit la pauvre femme. Ça sentait le soufre quand il est parti.

L'ombre repassa une seconde fois, et il sembla au docteur qu'elle refermait la porte derrière elle.

Alors, tandis que Paméla, tout à fait épouvantée, se blottissait sous les couvertures, Trousse-Cadet se mit à songer que peut-être les anciens hôtes de cette légendaire maison y venaient errer la nuit. Puis, chassant ces billevesées, il voulut allumer une bougie, mais Paméla s'y opposa formellement.

— Si ce sont des voleurs, dit-elle, ils nous verront et ils nous assassineront.

Alors son compagnon, n'entendant et ne voyant plus rien, lui déclara tout net qu'ils étaient victimes d'une hallucination pour avoir trop mangé de homard.

— Ce n'était pourtant pas pour ça que tu m'en avais proposé, objecta Paméla, à demi convaincue par la science de Trousse-Cadet.

Et ils résolurent d'employer mieux leur temps qu'à trembler ainsi comme des nigauds.

Mais un bruit de pas, de pas traînants et mystérieux, troubla de nouveau l'inutile tête-à-tête de ces deux amants d'antan. Pour le coup, le doute n'était plus permis. La porte de la chambre s'ouvrait une seconde fois, discrètement et sans bruit, mais sensiblement. Paméla, affolée, disparut complètement sous l'édredon. Le docteur, les cheveux droits comme des baïonnettes, se leva sur son séant. Alors il vit distinctement une forme humaine suivre exactement le même chemin que la précédente.

— As-tu entendu le bruit de chaînes? haleta Paméla.

— Il m'a semblé plutôt que c'était un bruit de papier qu'on froisse, riposta Trousse-Cadet.

— Je te dis que c'étaient des chaînes !

— J'en aurai le cœur net.

Et, malgré les efforts de sa compagne, Trousse-Cadet s'élança du lit à baldaquin et se posta en embuscade, de façon à appréhender au passage le mystérieux visiteur, s'il osait retraverser la chambre.

Il n'attendit pas longtemps. Après un bruit lointain d'orage dans lequel Paméla distingua parfaitement les rafales de vent et les fouettées de pluie, il se fit un silence terrible; puis l'ombre s'avança et Trousse-Cadet, rassemblant tout son courage, s'élança sur elle, en criant d'une voix rauque:

— Qui es-tu?

Un gémissement sourd lui répondit et un tapage de faïence cassée se fit entendre sur le sol. En même temps, le volet, battu au dehors par la bise, s'ouvrit avec fracas, et la lune, une pleine lune admirable, inonda la pièce de clarté.

Alors Trousse-Cadet se trouva en présence d'un pauvre diable en chemise et en bonnet de coton qui lui demandait grâce, et aux pieds de qui gisaient les débris d'un vase dont le buffet s'appelle, dans les lexiques : table de nuit.

— Comment, malheureux, c'est chez moi que vous veniez...

— Mais, monsieur, vous ne savez donc pas...? Le concierge ne vous a donc pas dit...?

— Quoi donc, morbleu?

— Mais que le *buen retiro* de la maison tout entière était dans votre appartement et que, par conséquent, sous peine de mourir de constipation,

R.

ce que vous ne voudriez pas, tous les locataires étaient obligés d'en avoir une clef.

Un éclat de rire retentit sous l'édredon. C'était Paméla qui se tordait.

Mais lui, Trousse-Cadet, était furieux. Il réveilla le concierge, après être descendu comme une avalanche. Alors celui-ci, mécontent à son tour, le reçut de très haut.

— Vous m'avez demandé s'ils étaient dans l'appartement, monsieur. Je ne vous ai pas menti !

Trousse-Cadet voulut plaider pour faire rompre son bail ; mais celui-ci fut trouvé parfaitement régulier et il fut simplement condamné aux dépens.

Attrape, vieille bête !

XIV

NUIT AGITÉE

M. Cascamille, huissier-audiencier à Champignol-en-Vexin, parcourait fiévreusement son cabinet de travail, et l'obliquité maussade de sa calotte de velours sur son crâne peu garni trahissait le trouble extraordinaire de son âme.

— Ah! polisson de Polycarpe! disait-il tout haut, bien que seul avec lui-même, suivant la double tradition des héros de tragédie et de Coquelin cadet. Polisson de Polycarpe! Tu m'as enlevé ma femme, et tu crois que ça se passera comme ça! Non pas qu'Hermance me rendît la vie agréable! C'était, de tous points, une insupportable épouse. Mais l'honneur du corps des huissiers veut que je la réclame. Les convenances exigent même que je me baigne dans votre sang à tous deux, si je vous surprends dans vos coupables amours. Aussi ai-je acheté à votre intention ce pistolet à deux coups. Car je t'ai dépisté, ô couple adultère. Je sais que tu arriveras ce soir à Montéjobard, petite ville agréablement située sur les bords du Charançon, et que tu coucheras dans l'unique hôtel de cette cité, au *Lapin touriste,* récemment acheté et remis à neuf par Thomas Clignefesse. Tu vois si je suis bien renseigné ! Mais ce que tu ignores, couple voué à l'exécration des maris à venir, c'est que j'ai envoyé, ce matin même pour te surveiller et préparer une vengeance, mon vieil ami Trousse-Cadet ! Cet imbécile de Trousse-Cadet, qui ne se doute pas que c'est avec son propre filleul qu'est partie ma femme dont je lui ai annoncé le rapt, sans lui nommer le ravisseur. Notre godelureau portant une fausse barbe et une perruque depuis son départ, Trousse-Cadet ne saurait le reconnaître. Comme je lui ai fait prendre, à lui aussi, les mêmes précautions, pour tromper les regards de ma femme, il ne saurait non plus en être reconnu. Ainsi, mon vieil ami Trousse-Cadet, cette canaille de Trousse-Cadet qui, aux dernières élections municipales, m'a damé insolemment le pion, servira inconsciemment au terrible châtiment de l'être qu'il aime le mieux au monde ! Je vengerai, du même coup, ma double injure de mari trompé et de citoyen blackboulé. C'est une combinaison machiavélique, abominable et fatale, je le sais. Mais je me sens dans les veines du sang des Borgia. Donc, j'arriverai cette nuit, vers onze heures. Je saurai par Trousse-Cadet la chambre où nos deux tourtereaux malmènent mon honneur. Je me logerai dans la chambre à côté ; j'épierai, à travers la cloison, leurs faits et gestes, et, au bon moment...... Boum ! Boum ! Bing ! Bing !

Et M. Cascamille, agitant un rossignol à ouvrir les serrures, fit une pantomime terrifiante, dans laquelle on eût dit qu'il s'épouvantait lui-même.

Va! va! mon ami! si tu savais ce qui est arrivé en route à ton pauvre ami Trousse-Cadet! Tenez, j'aime autant vous le dire. Au premier relais, — on voyageait en diligence en ce temps-là — Trousse-Cadet, gourmand comme tous les médecins, avait, au mépris des conseils de son ancêtre Esculape, mangé la moitié d'un melon qu'il avait trouvé exquis. Au second relais, ses compagnons de voiture l'avaient invité, de concert, à s'arrêter, pour prendre quelque repos, et les astringents nécessaires à la sécurité de son voyage.

Voilà comment le pauvre Trousse-Cadet, était demeuré en chemin.

— Je vous dis, madame Clignefesse, que ce n'est plus que dans les auberges de village qu'on met un numéro *cent* sur la porte de cet endroit. Je ne me suis pas amusé, croyez-le bien, à en faire un boudoir à l'anglaise dans lequel on pourrait manger, pour lui donner une désignation ridicule et démodée. Demandez plutôt à M. Bidet-Bayard qui, en sa qualité de voyageur de commerce, sait tout ce qui se fait à Paris.

— Monsieur Bidet-Bayard, demanda onctueusement au prétentieux touriste en vins Mme Clignefesse, de son petit nom Léonie, dites-nous ce qui se fait à Paris, dans les grands hôtels.

— On inscrit, depuis quelque temps, sur l'huis, ces simples mots : *Walter Scott*, répondit celui-ci avec dignité.

— Le nom du grand romancier anglais? reprit Léonie, qui avait de l'érudition. Pourquoi donc?

— Vraisemblablement parce que c'était lui qui avait inventé les cuvettes en porcelaines.

— Pas de mots anglais chez moi! interrompit

M. Thomas Clignefesse. Quelque chose de national ! Je n'aime pas les étrangers.

— Alors, riposta M. Bidet-Bayard, mettez tout simplement : *C'est ici.* C'est simple, de bon goût et compris de tout le monde.

— C'est ça ! avec un point d'exclamation ! *C'est ici!* C'est-à-dire : *C'est ici* qu'on goûte les joies mâles de la délivrance ! *C'est ici* qu'on rentre en paix...

— Assez, monsieur Clignefesse, dit en rougissant Léonie. Vous auriez bien pu vous dispenser de me parler de cela devant M. Bidet-Bayard. D'autant que, comme les peintres ne viendront pas aujourd'hui, votre idée ne peut être immédiatement réalisée, et rien ne pressait.

— Je vous demande bien pardon, madame Clignefesse; en attendant les peintres, je vais aller moi-même écrire, de ma plus belle main et à la craie, ce fameux : *C'est ici!* afin que, dès cette nuit, mes voyageurs en goûtent les bienfaits. A propos, où avez-vous logé les deux tourtereaux qui nous sont arrivés ce matin ?

— Au numéro *vingt-deux.*

— Au second ! Pourquoi pas au premier, au même étage que mon boudoir à l'anglaise ?

— Parce qu'ils ont trouvé que ça sentait la peinture.

— On leur en flanquera de la peinture comme ça ! En voilà un raffiné et une chipie !

— Vous avez deux amoureux et vous ne me l'aviez pas dit ! demanda M. Bidet-Bayard en riant.

— Est-ce que cela vous regarde, gros licencieux ? lui répondit Léonie avec un sourire de reproche.

— Dame ! je porte envie à l'amoureux quand l'amoureuse vous ressemble.

— On ne peut pas lui en vouloir à ce M. Bidet-Bayard, tant il est aimable ! Au revoir, monsieur Bidet-Bayard !

Et cet : Au revoir, fut accompagné d'un sourire plein de promesses. Après quoi on se sépara.

Or, tandis qu'au premier étage M. Thomas Clignefesse allait écrire : *C'est ici !* sur la porte fraîchement décorée que vous savez, M. Bidet-Bayard montait au second et, sur l'huis de la chambre n° 22, il mettait, à la craie également, une inscription toute pareille.

C'était une de ses plaisanteries accoutumées, dans les hôtels, de déposer un : *Cent !* ou un : *C'est ici !* sur la porte des chambres où reposaien des amants ou de jeunes époux, et il goûtait une joie énorme à penser que les pauvres enfants seraient dérangés, toute la nuit, par d'indiscrets voyageurs trompés par cet avis menteur. Car n'oubliez pas qu'en ce temps-là, pervertis par l'exemple de Gaudissard, les commis-voyageurs n'avaient pas encore les belles façons et les goûts scientifiques qui en font aujourd'hui de véritables touristes en bonnes manières !

Or il advint que la voiture qui amenait M. Cascamille, cette nuit-là même, sur le lieu de sa vengeance, eut du retard et que notre mari courroucé, au lieu d'arriver à onze heures, comme il l'avait projeté, ne mit le pied qu'à minuit et demi sur le seuil du *Lapin touriste*. Son premier soin fut de s'enquérir de Trousse-Cadet, dont il donna minutieusement le signalement à l'unique garçon de l'hôtellerie dormant debout. Celui-ci, qui crevait d'envie de dormir, lui répondit que ce monsieur était couché.

— Il ne m'attendait plus ! se dit Cascamille, mais il aura, sans doute, par précaution, mis quelque signe sur la porte de la chambre fatale pour m'aider à la reconnaître et éviter d'interroger les domestiques, ce qui est toujours imprudent.

Et il ajouta :

— Conduisez-moi dans les couloirs, mon ami, je choisirai ma chambre moi-même.

Le garçon, bâillant à s'engloutir le nez, le précéda, un bougeoir à la main, dans le couloir du premier étage. Mais à peine Cascamille eut-il aperçu le : *C'est ici !* tracé à la main par M. Clignefesse qu'il s'arrêta.

— J'ai deviné ! pensa-t-il. Pas bête, Trousse-Cadet ! — *C'est ici !* c'est clair ! Mon ami, la chambre à côté de celle-ci est-elle libre ?

— Oui, monsieur.

— Eh bien, c'est celle que je prends.

Et M. Cascamille, saisissant le bougeoir, pénétra dans le domicile par lui choisi, congédia le garçon, tira son pistolet à deux coups de sa couverture, extirpa de sa poche le rossignol, approcha l'oreille du mur, la colla contre la cloison et, riboulant des yeux de chat constipé, se tint prêt à tout événement.

O pauvre Polycarpe ! ô pauvre Hermance ! Tandis qu'un Dieu propice à vos amours vous avait conduits à l'étage au-dessus, un mauvais génie personnifié par M. Bidet-Bayard y empoisonnait votre bonheur innocent par les visites les plus troublantes et les plus incongrues.

— Il y aura donc toujours quelqu'un! grommelaient les gens en s'en allant.

— C'est un scandale ! murmuraient les plus mécontents.

— Quand on a besoin de cinq heures pour aboutir, on reste chez soi! disait résolument une vieille demoiselle horriblement pressée.

— Si je remonte encore une fois, j'enfoncerai la porte ! hurlait le général Tonnefort, qui était venu en inspection et n'avait pas la colique endurante.

Et nos pauvres amoureux, ignorant ce qui leur valait tous ces coups frappés, toutes ces injures, toute cette rumeur d'allants et de venants, étaient positivement comme des truites vivantes jetées sur des charbons.

Tout à coup, la physionomie de M. Cascamille, toujours en observation, fut traversée par un éclair.

Il avait enfin entendu quelque chose dans la pièce à côté.

Mais ce quelque chose était bien confus. On eût dit le murmure d'une eau coulante sur la vasque d'agate d'un bassin.

Le mari outragé redoubla d'attention.

Bientôt il perçut distinctement le son d'une voix à laquelle la distance, sans doute, donnait quelque chose de surhumain et d'analogue aux souffles mélodieux de la flûte. Il lui parut ensuite qu'une autre voix, plus mâle, mais également dénaturée par l'effet de la cloison, répondait par des accents de trombone à cette ouverture. Bientôt une succession de soupirs saccadés et bruyants, prodigieusement accrus d'ailleurs par je ne sais quel effet d'acoustique, lui fit penser qu'il allait tomber à point... Il s'arma, bondit, se rua sur la porte voisine, qui céda sans résistance, et se trouva en face... devinez de qui ?... du malheureux Trousse-Cadet qui avait enfin fini par arriver à Montéjobard, mais que la vengeance du melon continuait à poursuivre. Renversé, par la terreur, de son trône pacifique, le pauvre docteur, la chemise au vent, se traînait aux genoux de Cascamille ahuri.

Pendant ce temps, un grand vacarme avait également lieu à l'étage au-dessus.

Fidèle à sa parole d'officier supérieur, le général Tonnefort, après un dernier voyage, enfonçait la porte du numéro *vingt-deux*, en proférant des jurons épouvantables. Polycarpe et Hermance se jetaient à ses pieds, fous de peur et demandant grâce. M. Clignefesse, réveillé par ce double bruit, s'élançait dans le couloir du troisième où était son appartement et donnait la chasse à sa femme qu'il avait vue distinctement sortir à la dérobée de la chambre de M. Bidet-Bayard. Ce dernier, en voulant arracher sa complice à la fureur de son mari, avait enfermé dans sa chambre la vieille demoiselle qui poussait des cris de pintade violée.

Ah! quelle nuit, mes enfants, pour toute l'hôtellerie du *Lapin touriste!*

Tout est bien qui finit bien.

Le général Tonnefort, qui était, au fond, un zig excellent, facilita la fuite de Polycarpe et d'Hermance, ravi qu'il était d'apprendre qu'un civil de plus était cocu. M. Cascamille, ayant obtenu que son vieil ami Trousse-Cadet se désistât en sa faveur de sa charge de conseiller municipal, rentra content à Champignol-en-Vexin, résolu d'y oublier les soucis du ménage dans les mâles divertissements de la politique. Trousse-Cadet, complètement abruti par les fureurs du melon, lui fit cette concession sans regret. La belle Léonie sut prouver à son mari qu'il avait eu la berlue et que M. Bidet-Bayard avait passé la nuit avec la vieille demoiselle. L'amitié de l'hôtelier et du commis-voyageur ne fit que se resserrer à cette occasion.

Le lendemain, les peintres venaient au *Lapin touriste* et remplaçaient, par d'impérissables caractères, le fatal : *C'est ici !* que M. Clignefesse avait écrit à la main, si malencontreusement, sur la porte de son boudoir à l'anglaise.

XV

JEU DANGEREUX

C'était certainement par amour que le gentilhomme caucasien Ladislas Toubénef avait épousé la délicieuse Henriette de Psittosomm, appartenant à la meilleure noblesse hollandaise. Malheureusement, peu de temps après la noce, Ladislas s'était fait pincer trichant au loto à la table du czar qui l'avait immédiatement fourré à la porte de toutes les Russies. La France doit à sa renommée hospitalière de recueillir dans son sein tout ce que l'étranger expulse de vertus insuffisantes : deux mois après, le jeune couple était à Paris et les cercles tendaient affectueusement leurs tables de baccarat au décavé du loto impérial. Toubénef était d'une bonne force dans l'art d'aider la fortune. Mais il y était néanmoins surpassé par le prince grec Missouli Toucommunos. Il faisait donc mal ses affaires et menait, au résumé, une vie misérable, quand son bon génie lui fit rencontrer dans un tripot. Homère Vindusang, que vous connaissez tous sous un autre nom. Homère eut bientôt dit le *quos ego* virgilien aux déveines qui avaient assailli le ménage. L'aisance d'abord, bientôt après le luxe y rentrèrent avec lui. L'appartement, naguère vide et froid, se meubla rapidement de chauds tapis, de bibelots coûteux. On dut louer, à côté, une écurie et une remise. La prospérité montait pareille à une mer bienfaisante, laissant derrière elle, sur les étagères et dans les tiroirs, comme les reflux de l'océan, une écume d'argent.

L'inauguration de cette bonbonnière fit événement dans le monde des penseurs de riens, et les soirées de Mme Toubénef furent immédiatement à la mode.

Et pourtant je vous jure que rien de tout cela ne s'était fait avec l'argent de M. Vindusang !

Je vous ai dit qu'Henriette de Psittosomm était une créature délicieuse, mais je ne vous ai pas dit comment. Car les femmes ont mille façons d'être belles, comme nous en avons deux mille d'être laids. Elle était de taille moyenne, mais bien prise dans son aimable rotondité ; ses cheveux ébouriffés sur son front avaient l'air d'une mousse d'or et ses yeux d'un bleu clair s'ouvraient larges et étonnés, brillants et interrogatifs ; sa petite bouche se retroussait aux coins avec une charmante expression de moquerie ; ses dents d'enfant étaient d'une blancheur laiteuse. Un léger signe au coin des lèvres donnait à rêver aux partisans de la théorie de Lavater. Bref elle appartenait au genre troublant, à la variété sphinx. Homère Vindusang, qui connaissait la vie comme pas un, ne se trompa pas sur la valeur d'un pareil trésor. Bientôt, grâce à lui, un soupirant aisé fut introduit dans la maison. — J'ai dit : un soupirant. Car il ne s'agissait pas de mettre en coupe réglée la vertu d'Henriette ; mais, bien plus finement, d'exploiter ses attraits jusqu'à la limite où ce petit exercice était compatible avec l'honneur matériel du mari, autrement dit de réglementer une fructueuse flirtation. Vindusang n'a jamais eu son pareil pour organiser ces fêtes de l'intelligence maritale. Dans ses nombreuses relations, il avait bien vite trouvé un jeune nigaud qui lui avait dit : — Mon Dieu, que cette

Mme Toubénef est belle ! — Oui, mais elle est fidèle à son mari. — Alors, rien à faire ? — Ça, on ne sait jamais. Quelle femme résiste aux présents habilement faits ? — Comment faire accepter des présents à une femme en puissance de mari ? — C'est toujours très délicat, mais on y arrive et les femmes n'en sont que plus sensibles à une attention ingénieuse. S'agit-il d'un bijou ? Madame a pu le trouver dans la rue, ou l'acheter en cachette à des conditions très avantageuses... Mais en offrant surtout des objets qui servent à la maison, on arrive à les très bien faire agréer du mari qui croit, l'imbécile ! qu'il est de moitié dans l'intention du donataire.

Et le jeune nigaud commençait sa cour en garnissant les tentures d'un tas de fantaisies fort chères.

D'ailleurs Vindusang l'observait avec grand soin, et quand la situation se tendait au point de rendre la résistance d'Henriette difficile, il aidait Toubénef à surprendre le galant dans quelque compromettante démarche. Alors celui-ci se voyait chassé bruyamment par un mari plein de dignité, si bien que le bruit de chacune de ces aventures augmentait le renom de vertu de

Mme Toubénef et rendait sa conquête plus tentante encore par les séductions de la difficulté.

Eh bien? et Henriette? que pensait-elle de tout cela? Mes bons amis, ne demandez jamais à la femme un raffinement de sens moral. Henriette était coquette avant tout, c'est-à-dire qu'elle aimait les hommages. Cette succession de soupirants tour à tour évincés avait varié pour elle la monotonie d'une vie ennuyeuse. Comme elle n'en avait préféré aucun aux autres, elle avait été la première à rire de leurs mines déconfites, quand avait sonné l'heure du châtiment conjugal. J'irai plus loin : la substitution d'un intérieur riche et luxueux à un intérieur misérable lui avait été la chose la plus agréable du monde. Les femmes n'ont pas d'idée personnelle en matière d'honneur. Elle avait donc accepté, sans contrôle, les opinions de son mari ; ces théories-là sont moins rares qu'on ne l'imagine. Beaucoup d'époux ne les formulent pas avec cette netteté et les pratiquent néanmoins avec infiniment de constance et de sûreté. C'est ce qui rend le mariage plus dangereux encore aux célibataires qu'aux maris. Car, n'en déplaise à messieurs les moralistes, c'est presque toujours le pauvre amant qui est trompé.

Les choses en étaient dans cet état et l'esprit de Mme Toubénef dans cette disposition, quand Homère Vindusang amena, à deux jours de distance, dans la maison, le baron Vladimir Kektuveuquejtoff et notre vieille connaissance Agénor-Polycarpe Visalœil, le premier destiné à jouer le principal rôle dans une séance extraordinaire de flirtation et le second à lui donner simplement la réplique. Car il fallait des compères et une galerie à ces revues. En même temps que chaque soupirant aisé, le prudent Homère Vindusang avait grand soin d'introduire un soupirant pauvre, un soupirant pour rire, dont le métier était d'inspirer de la jalousie à l'autre et l'idée de l'écraser par des prodigalités défiant la concurrence.

Quel homme que ce Vindusang !

— Ladislas, méfie-toi ! dit un jour Vindusang à son ami.

— De quoi, bon Dieu ! Vladimir est prodigue. Les choses vont à merveille.

— Elles vont même trop bien.

— Que prétends-tu dire?

— Que notre amoureux devient sobre de confidences et que ta femme me paraît avoir des velléités de lui accorder bien au delà de ton programme.

— Par exemple ! Est-ce qu'ils me prendraient pour un mari complaisant?

— Tu es simplement, je le sais, un homme bien élevé. Je te préviens simplement du danger et tu en feras ce que tu voudras.

— Ce que je veux ! Ne pas être trompé, parbleu ! Il faut que tu confesses Vladimir.

— J'essayerai !

Deux jours après ce premier entretien sur la matière, Vindusang arrivait comme un ouragan chez Toubénef.

— Je ne m'étais pas trompé, lui dit-il. Cette partie au bal de l'Opéra que ta femme a proposée et organisée, elle a simplement pour but de lui permettre de se faire enlever par Vladimir.

— Ah ! mon Dieu !

— Celui-ci doit y venir sous un domino bleu de ciel et porter pour signe de reconnaissance une petite branche de mimosa attachée à l'épaule droite.

— Parfait. S'il essaye de glisser un mot à ma femme, je surprendrai le mouvement et lui enverrai un soufflet. Il en résultera un bon scandale, et, en dépit des insinuations malveillantes d'une certaine presse et des propos des laquais, il demeurera acquis que Ladislas Toubénef ne plaisante pas avec l'honneur conjugal et est fidèle gardien de la vertu de sa femme.

— De toi à moi, ça ne te fera pas de mal. Le monde est si méchant !

Si vous croyez, mes petits compères, que je vais vous décrire le bal de l'Opéra à cette occasion, vous vous trompez joliment. Je confesse humblement que je n'appartiens pas à l'école, fort à la mode d'ailleurs, des descriptifs à outrance. Non pas que je refuse mon estime aux beautés d'une méthode qui permet à un romancier d'écrire un volume de trois cents pages avec juste autant d'idées qu'il en faut pour occuper la longueur d'un fait divers de vingt-cinq lignes ou pour remplir le cadre d'une réflexion philosophique. C'est simple et commode en voyage. Votre héroïne se met à la fenêtre, le soir, et voilà un chapitre complet destiné à raconter l'aspect de Paris à cette heure-là. Le lendemain matin, elle se remet à la fenêtre ; vite un second chapitre où le même sujet est développé, en tenant compte de la différence. Quel repos pour l'imagination ! A vos moments perdus, vous brossez rapidement un paysage immense, et à la première place vide, vous l'intercalez. Je pourrais vous signaler une bonne vingtaine de descriptions du bal de l'Opéra et vous y renvoyer. Mais je préfère retourner à mes moutons, je veux dire au ménage Toubénef. Il n'y avait pas une heure que le mari et la femme erraient du foyer aux couloirs, que le domino azur décoré d'un mimosa s'approchait d'eux. Une seconde après, au plus, Ladislas surprenait le passage d'un billet de la manche du domino à celle de sa femme. L'arrêter au passage et souffleter l'insolent fut l'affaire d'un instant.

— Misérable ! cria de toutes ses forces le mari jaloux.

On s'ameuta. La garde arriva. On s'en alla chez le commissaire, le domino bleu ayant toujours refusé de montrer son visage.

— Pourquoi avez-vous souffleté monsieur ? demanda le commissaire.

— Parce que monsieur faisait passer à ma femme le billet que voici.

Et M. le commissaire lut :

« Madame, peut-être n'avez-vous pas compris mon amour, mais je donnerais ma vie pour un sourire de vous ! »

— Imbécile de Vindusang ! grommela Ladislas. Il n'y avait plus aucun danger.

Et monsieur le commissaire lut la signature : Polycarpe.

— Et c'est vous, jeune homme, qui avez écrit cela ?

— Oui, monsieur. répondit Agénor-Polycarpe Visalœil tremblant, en découvrant enfin sa figure.

— Il y a méprise, dit carrément Toubénef : je fais mes excuses à monsieur.

Pauvre Polycarpe ! Prenant son rôle de Patito au sérieux, il avait surpris le secret du déguisement de Vladimir, et avait voulu en profiter pour glisser mystérieusement entre les doigts de la dame de ses pensées l'aveu timide qui était toujours demeuré sur ses lèvres.

Ladislas Toubénef sortit furieux.

— Animal! dit-il à Vindusang qu'il rencontra tout de suite.

— Trop tard! lui répondit philosophiquement celui-ci, je viens de les voir monter en voiture ensemble.

Le fait est que, pendant la discussion chez le commissaire, Henriette et Vladimir, enfin arrivé, avaient tout simplement pris de la poudre d'escampette.

Il ne sont jamais revenus. On les croit en Amérique. Toubénef fut d'abord de très mauvaise humeur; mais comme c'est un esprit sage et pratique, il a pris le parti de jouir seul et philosophiquement de l'aisance noblement acquise. Il ne pratique plus pour lui-même l'industrie de la flirtation conjugale, mais il s'est fait l'avocat consultant de tous les ménages où elle est en honneur. Méfie-toi de lui, ô jeune célibataire qui fréquentes les mêmes maisons.

XVI

JOYEUSETÉS PROVINCIALES

« Mon cher filleul,

» Il est de nécessité impérieuse que tu viennes passer la journée de dimanche à Champignol. Voici pourquoi : je donne une fête à notre éminent député M. Choupayou. Tu te rappelles que ce grand orateur a occupé, l'an passé, trois séances entières de la Chambre à la question de notre canal et a gagné notre cause. Je veux dire : la cause des médecins du pays ; car les travaux entrepris ont immédiatement augmenté la mortalité et rendu infecte une contrée ridiculement saine jusque-là. Et l'on voudrait nous retirer notre scrutin d'arrondissement ! Arrière, messieurs les idéologues, arrière ! Tu vois ce que je dois à M. Choupayou. Aussi voudrais-je le traiter d'une façon tout à fait éclatante, et dont le souvenir demeure impérissable dans tout le Vexin. Je me suis procuré ici tout ce qu'on peut y avoir en pétards, soleils, marrons, chandelles romaines, artichauts et feux de Bengale. J'ai même imaginé un feu volant qui sera, je crois, d'un énorme effet. Mais, toi qui habites Paris, toi qui, en ta qualité d'apprenti apothicaire, ne dois ignorer aucun des secrets de la science contemporaine, au moins dans ses chimiques résultats, tu connais, sans doute, quelque invention artificière nouvelle, féerique et abracadabrante qui ferait révolution dans ce canton paisible et ignorant. C'est ce que je voudrais pour éblouir notre député, lui-même, et obtenir qu'il occupe encore trois séances de la Chambre cette année à la création d'un hôpital dont je serais le médecin. Réfléchis donc, trouve, et apporte. Il faut absolument que je fasse enrager cet animal de Petgalant, notre maire, qui fait trop ses embarras et cherche à absorber les faveurs de M. Choupayou. Je n'aime pas, tu le sais, les intrigants !

» Donc à dimanche, mon cher Polycarpe, et à l'heure de mon décès,

» Ton dévoué parrain,
» Docteur Papoul Trousse-Cadet. »

Cette lettre était adressée à M. Agénor-Polycarpe Visalœil, étudiant en pharmacie, chez M. Wessedebringue, droguiste, rue des Lombards, 106.

En la recevant, notre ami Polycarpe, qui était en train de faire une causette, dans un coin de la boutique, avec Mélanie Lapoupine, sa connaissance, sous prétexte de lui vendre deux sous de jujube, eut un éclair de joie sur le visage.

— Ma bien-aimée, dit-il avec passion, tu auras ton manteau de fausse loutre.

— Agénor ! est-il possible ?

— C'est certain ! J'ai au pays une vieille mazette de parrain qui me demande un service. Rien ne me sera plus simple que de lui tirer, à cette occasion, la carotte de deux louis qui doit rendre ta toilette comparable à celle des plus illustres courtisanes de ce temps. Seulement, il faut que je m'en aille dimanche.

— Dimanche ! Agénor ! ton jour de sortie ! Je jurerais que tu mens et que tu vas aller voir une autre femme.

— Y penses-tu, ma colombe !

(Et, de vous à moi, cette canaille d'Agénor y pensait fort bien. Car si son parrain détestait M. Petgalant, le maire, il aimait beaucoup, lui, Mme Petgalant, la mairesse, une personne d'un embonpoint fort appétissant et dont il avait toujours rêvé la conquête.)

— Non ! j'étais folle, conclut Mlle Mélanie Lapoupine, car je sais bien que tu n'aimes que moi.

Et elle se disait en elle-même : — Quelle occasion pour aller jusqu'à Versailles revoir mon sous-lieutenant !

— Nom de nom, monsieur Visalœil, voilà un client qui attend sa purge depuis deux heures ! gronda tout à coup la voix colère de M. Wessedebringue.

— On y va, patron ! Au revoir, mon ange. Tu veux me payer mes deux sous de jujube ? Par exemple ! pour qui me prends-tu ? Tu en aurais acheté pour cinquante centimes que c'eût été la même chose. Je ne les porterai pas en écriture. Voilà tout.

— Tu as un grand cœur, Agénor, mais tu es bien infidèle.

Et Mlle Mélanie Lapoupine disparut en se gonflant les joues de pâte pectorale comme un singe les siennes de noisettes.

M. Wessedebringue était, au demeurant, un bon bougre, bien qu'un peu braillard. Polycarpo, qui était ignorant comme un cent de romanciers naturalistes, lui lut la lettre de Trousse-Cadet et le consulta sur la surprise qu'il devait préparer.

— Mon ami, lui dit celui-ci après un instant de réflexion, vous savez peut-être qu'on possède aujourd'hui une matière ayant la singulière propriété d'emmagasiner, durant le jour, la lumière solaire pour la restituer, la nuit, à l'état de clarté quasi-lunaire. On s'en sert déjà pour faire des montres qui donnent l'heure dans l'obscurité. J'en préparerai pour vous à l'état de pâte demi liquide, et, en arrivant à Champignol, vous vous en servirez pour écrire, sur une plaque ou sur une étoffe un peu forte, en gros caractères, une inscription flatteuse pour votre député, inscription que vous pourrez même surmonter d'un petit dessin allégorique. Vous exposerez le tout au jour pendant quelques heures. Puis vous le couvrirez, avec grand soin, d'un voile opaque que vous n'enlèverez plus qu'au moment où, ayant mis l'objet à la place choisie par vous, vous en voudrez faire resplendir l'illumination. Le moment le mieux choisi serait, je crois, à la fin du feu d'artifice, après le bouquet ; la permanence de ce nouveau jeu de lumière devant s'opposer fort heureusement aux passagères splendeurs des fusées.

— Mais cela coûtera les yeux de la tête.

— Je vous en ferai don, Polycarpe, mais à la condition que vous ne laisserez pas languir l'huile de ricin comme vous le faites quelquefois.

— Merci, généreux patron !

Et cet animal de Polycarpe pensa en lui-même :

— Je ferai payer ça au moins trois louis à mon parrain ! Et puis de quel prestige cette merveille va me couronner aux yeux de Mme Petgalant !

Le dimanche matin, il arrivait à Champignol, portant dans la poche intérieure de son paletot un mystérieux paquet.

La flamme volante qu'avait inventée le docteur Trousse-Cadet était d'une simplicité vraiment antique. A la longue corde d'un cerf-volant, il avait attaché, par le bout libre, un crochet, et à ce crochet il avait l'intention de suspendre une soucoupe légère contenant un feu de Bengale. Cela devait réaliser, à son idée, une manière de feu follet tout à fait propre à impressionner le populaire.

— Prépare ta surprise à ta façon. Moi je prépare la mienne, et ne nous occupons pas l'un de l'autre, dit-il à son filleul.

Polycarpe se retira dans un pavillon qui était tout au bout du jardin. Là, ayant étendu par terre une longue bande de soie doublée de carton, il suivit de point en point les instructions de M. Wessedebringue, et y traça, avec un large pinceau et en lettres énormes, une devise surmontée d'un emblème glorieux. Quand ce fut fait, il chercha un bout de gazon bien dans la lumière, protégé d'ailleurs des regards curieux par un bouquet d'arbres qui lui faisait en quelque sorte un rideau d'oriflammes, sûr que personne n'y viendrait le regarder, cet endroit étant le moins fréquenté du jardin. C'était, du reste, tout au plus si on le distinguait dans l'herbe. Ainsi échauffée, la pâte devait, à la fois, sécher et s'imprégner de clarté.

Quand il rentra à la maison, il y trouva M. Choupayou, M. Petgalant et sa moitié. Quand je dis : « sa moitié », je mens comme un moine. « Son double » serait infiniment plus juste. Car cette belle personne était en chair, joufflue, rebondissante, capitonnée en tous ses appas, tétonnante, ventripotente et callipétardière à l'envi, un beau tronçon de gelée de marbre tout à fait apéritif aux gens qui estiment que la quantité est déjà, en amour, un des éléments de la qualité.

Polycarpe fit une grimace de dépit.

Il s'était aperçu, du premier coup d'œil, que M. Choupayou partageait son goût pour ce genre de délices abondantes.

En effet, pendant que M. Petgalant et M. Trousse-Cadet assassinaient l'infortuné député de considérations locales, administratives et hiérarchiques, politiques, économiques et flatulantes, l'éminent orateur échangeait avec l'aimable colosse des regards d'une tendresse contenue.

— Messieurs, fit-il quand la nécessité d'un hôpital lui parut suffisamment démontrée, je vous demanderai la permission d'offrir le bras à madame pour aller cueillir quelques fleurs dans le jardin.

— Je les suivrai ! pensa Polycarpe furieux.

Mais, en même temps, son parrain Trousse-Cadet lui dit :

— Polycarpe, mon garçon, oblige-moi d'aller recommander à Clignefesse de nous envoyer le vol-au-vent avant sept heures.

Quand il rentra, il n'eut que le temps de courir retirer son inscription. Étrange effet de la mauvaise humeur : il lui sembla qu'elle avait un peu changé de place.

Pan ! Bzing ! Boùm ! f'f'f'uuu ! Pan ! Pan ! Pan ! f'f'f'uuu ! Boùm ! Boùm ! Boùm !

Ça, c'est le feu d'artifice. Vous le voyez comme moi, n'est-ce pas, avec ses gerbes d'étincelles, ses chutes d'étoiles multicolores, ses éclaboussements de poudre enflammée, ses tournoiements de perles d'or, ses poussières incandescentes. Tout était retombé dans l'ombre et dans le silence. C'était le moment qu'attendait impatiemment le docteur Trousse-Cadet pour lancer son feu aérien. Il prit donc sa course sur la pelouse pour amorcer l'ascension du cerf-volant, ascension que favorisait d'ailleurs un joli vent du soir. L'enlevée fut rapide, mais l'effet n'était pas celui qu'attendait l'ingénieux praticien, la soucoupe où était le feu de Bengale s'étant décrochée et celui-ci étant tombé à terre à peine allumé. Le pis est que l'hameçon, désormais libre, au bout de la corde, s'en vint se ficher, par une incroyable fatalité, dans les jupes de Mme Petgalant et, suivant le mouvement du cerf-volant, retroussa la pauvre dame jusqu'au-dessus des hanches, la faisant tournoyer ainsi demi nue et affolée dans la clarté agonisante du feu de Bengale. Quand celui-ci s'éteignit, un spectacle miraculeux s'offrit vraiment au public de cette fantastique scène : sur le majestueux fessier de Mme Petgalant, toujours au vent, s'étalaient ces mots en lettres immenses et lumineuses au-dessous d'une branche de laurier :

A NOTRE DÉPUTÉ !
OFFERT PAR LA COMMUNE !

Aussi pourquoi diable Mme Petgalant était-elle allée s'asseoir sur l'herbe, avant le dîner, avec M. Choupayou !

Celui-ci rit, au fond, beaucoup de l'aventure. Mais ni Petgalant, ni Polycarpe ne furent satisfaits. Ce qui prouve que le hasard lui-même n'arrive pas à contenter tout le monde.

XVII

LE BAIN DE SUZANNE

Je ne vous ai parlé encore que d'un des enfants anonymes de ce prolifique docteur Trousse-Cadet, qui eût repeuplé, en son temps, une île abandonnée. Entre autres sœurs naturelles semées aux quatre coins du territoire, Agénor-Polycarpe en comptait une répondant aux nom et prénom de Suzanne Godiveau. Celle-là, venue en plein terrain d'adultère, avait l'état civil le plus régulier du monde. Sa mère, Mme Herminie Godiveau, était la fort légitime épouse de M. Zéphyrin Godiveau, plumitif dans un ministère, membre de plusieurs sociétés ignorantes, conservateur comme un bureau d'hypothèques et bête comme une oie. Resté l'ami de la famille qu'il avait accrue avec conscience, le docteur Trousse-Cadet avait promis de sacrifier cent mille francs à l'établissement de la jeune personne. Mme Herminie Godiveau, qui était romanesque par tempérament, s'était bien promis de ne lâcher cette dot qu'à un gendre bien original. Elle ne voulait ni d'un marchand, ni d'un fonctionnaire, ni d'un petit rentier, gens qui sentent leur commun d'une lieue. Quelque prince étranger eût été plus volontiers agréé d'elle. Un roi dégommé eût été son idéal. Elle faisait donc pour sa fille des rêves bien malaisément réalisables en apparence, comme si le destin s'en remettait au traité des probabilités de Laplace pour régler ses caprices ! Sachez, sceptiques que vous êtes, que le Ciel, moins bourgeois que vous, se plaît aux cocasseries qui nous surprennent.

Et pourquoi donc Mlle Suzanne Godiveau n'eût-elle pas épousé un gentilhomme exotique ?

De demi-taille, d'un aspect avenant, blonde comme un bol de miel, deux pervenches sous les paupières et deux collines de neige sur la poitrine, des pieds et des mains constellés de fossettes, blanche et grassouillette, elle appartenait à la variété des femmes-ortolans que les vrais gourmets se gardent de mépriser. Ajoutez à cela un caractère fait à l'image de sa beauté, ce qui est toujours chez les êtres un indice d'harmonie rassurant pour ceux qui les fréquentent. Car c'est, en somme, très malhonnête de ne pas ressembler intérieurement à son propre portrait. Donc c'était une personne très gaie, très rieuse, très bonne enfant, de goûts aussi gaulois que le comportait son éducation de couvent, aimant à rire, sans façons, un brave homme de femme, quoi! et telle que je vous en souhaite une pour vivre en sa compagnie, tout en la trompant, s'entend.

Ce fut une vieille demoiselle dévote, Mlle Yolande de la Hannetonnière, petite-fille de ce glorieux Cucu de la Hannetonnière qui faillit être tué à Pavie, ce fut Mlle Yolande, dis-je, qui signala, la première, à l'attention de Mme Godiveau le prince Kali-ben-Osroar, venu de l'extrême Orient pour étudier les mœurs parisiennes, accompagné de son premier ministre et valet de pied Abel-Harcuplin. Tout le monde savait déjà, dans ces sacristies mondaines qu'on appelle les salons légitimistes, que le prince, imbu d'idées réformatrices et chrétiennes, avait l'intention de se marier en France. Par un antique diplomate de ses amis, le comte Marsupiau, la complaisante potinière fit tâter le terrain. Celui-ci fut trouvé bien disposé. Justement Kali-Ben-Osroar adorait les blondes ! Il fut convenu qu'une première entrevue aurait lieu à l'Opéra-Comique, idée originale, n'est-ce pas? Par extraordinaire on y jouait précisément, ce soir-là, la *Dame Blanche*. Dans un entr'acte, on se rencontra au buffet où le prince se régalait de sorbets pendant qu'Abel-Harcuplin se gorgeait de petits pains fourrés. Quand je vous disais que la destinée a des arrêts inflexibles, à preuve le théâtre tragique grec qui ne vit que de cette vérité ! A peine Suzanne eut-elle apparu dans une robe de satin bleu pâle qui lui allait à ravir, que le prince, prodigieusement ému, laissa choir son sorbet dans son gilet et poussa si vigoureusement le coude d'Abel-Harcuplin, que celui-ci en avala son sandwich de travers et faillit s'étrangler. Mlle Yolande de la Hannetonnière, qui observa cet effet foudroyant, dit à l'oreille de Mme Godiveau : — C'est une chose faite.

Et elle ajouta :

— Il n'en faut pas moins opérer avec infiniment de prudence. Il faut flatter les caprices du prince et surtout ne résister à aucune de ses fantaisies. Ces Orientaux ont des coutumes particulières qu'il ne faut pas heurter, nous parussent-elles choquantes. Mettez donc, chère amie, toute bégueulerie de côté et courez au but à travers le sacrifice de toutes les convenances, s'il le faut. Princesse Kali-Ben-Osroar ! Ça vaut bien qu'on mette de côté tout préjugé.

— Me prenez-vous pour une moule ? se contenta de répondre Mme Godiveau en haussant légèrement les épaules.

Trois jours après, le prince Kali-Ben-Osroar, après avoir adressé à M. Godiveau une magnifique robe de chambre en cachemire, avait fait sa demande.

Mais il y avait mis une condition, condition saugrenue comme l'avait bien prévu Mlle Yolande de la Hannetonnière qui savait son monde.

Il ne voulait pas épouser chat en poche (jamais l'expression ne fut mieux en situation), et exigeait que sa future lui fût révélée dans les charmants détails d'une nudité parfaite. Faire part de cette exigence à Suzanne était impossible. Il fallait même la cacher soigneusement à M. Godiveau, qui était pudique comme un éléphant de lait. De là la nécessité de biaiser et de trouver un joint. Ce fut Mlle Yolande qui le trouva. Le prince devait dîner le lendemain à la table de ses futurs beaux-parents : avant le repas, Suzanne devait prendre un bain dans son cabinet de toilette. On cacherait le prince derrière les rideaux, tandis que Mme Godiveau et Mlle de la Hannetonnière se tiendraient elles-mêmes sous la portière de la chambre à coucher, pour surveiller la neutralité parfaite de Kali-Ben-Osroar pendant cette délicate épreuve. Pendant ce temps-là, Abel-Harcuplin devait occuper dans le salon M. Godiveau, en lui demandant une leçon de loto, jeu que le prince voulait emporter dans ses États.

Et la chose fut faite comme elle avait été conçue.

Je n'ai ni le pinceau de Boucher ni la plume galante de Dorat pour vous dépeindre ou pour vous décrire l'admirable spectacle de l'entrée de Mlle Suzanne Godiveau dans son bain. Je ne suis pas un de ces honteux vieillards que la Bible a justement flétris. Imaginez cependant, s'il vous plaît, une avalanche de lys et de roses dans un lac d'argent et contemplez, en pensée, le délicieux mensonge de l'eau doublant, un instant, ces formes exquises avant de les engloutir dans sa transparence inquiète. Le prince était placé de façon à plonger son regard dans la baignoire et à ne rien perdre des jeux de physionomie de la moderne Néréide soumise à son appréciation. Ah ! malheureux prince ! qu'Abel-Harcuplin eût mieux supporté que toi cette épreuve ! Mais Mme Godiveau et Mlle de la Hannetonnière veillaient sur le respect des traités et sauvegardaient la vertu.

D'abord Suzanne chantonna dans son bain un air de la *Dame Blanche*. Le prince fut très touché de cette attention involontaire. Puis, elle rêva. Puis elle se mit à rire toute seule en regardant une bulle monter à la surface de l'eau et s'y évanouir dans l'air, tandis que le zinc de la baignoire rendait un petit son métallique et clair.

— Hum ! fit Mlle de la Hannetonnière derrière la portière.

— La malheureuse ! dit à voix basse et désespérée Mme Godiveau. Ah ! maudits flageolets !

Mais la belle Suzanne ne les entendait pas. Mise en voix par un premier essai, elle continua le jeu innocent de faire sonner une fanfare au fond de sa prison et de traverser la limpidité de l'eau d'un véritable bouquet de fusées gazeuses qui se venait évanouir juste sous le nez de Kaliben-Osroar. Et elle de se tenir la rate à deux mains, riant de toute la blancheur de ses dents, sa jolie gorge haletante dans un charmant hoquet de satisfaction.

— Tout est perdu ! répétait Mlle de la Hannetonnière.

— Le prince va certainement éternuer ! répliquait Mme Godiveau. Ah ! flageolets maudits !

Mais le prince n'éternua pas. Ce que c'est que de ne pas connaître toutes les finesses de la langue française !

Le prince sortit de son rideau, charmé de l'épreuve, enthousiasmé de la beauté sans tache de sa fiancée, et décidé à brusquer le dénoûment d'une pièce dont il ne pouvait plus supporter l'émotion.

Néanmoins, quand on se mit à table, il n'avait encore rien dit, et Mme Godiveau, pensive, échangeait avec Mlle de la Hannetonnière, rêveuse, des regards désespérés. Tout à coup l'attention du prince parut absorbée complètement par la contemplation d'un siphon d'eau de Seltz posé devant lui. Il regardait les impétueux globules d'acide carbonique monter en tournoyant dans le verre, et sa figure s'éclairait comme si une vision charmante eût passé sous son front. Solennellement et sans dire un mot, il se versa un plein verre du liquide ainsi tourmenté, le but avec onction et fut s'agenouiller devant sa fiancée.

— Suzanne ! merci ! lui dit-il d'une voix étouffée par l'amour.

— Qu'est-ce que ça veut dire ? demanda tout bas M. Godiveau à Abel-Harcuplin.

— C'est une coutume touchante de notre pays, lui répondit celui-ci à haute voix, que, lorsqu'une jeune fille agrée un prétendu, elle le lui fait savoir en lui offrant à boire un peu de l'eau dans laquelle elle a fait ses ablutions.

Le pauvre Suzanne devint écarlate en écoutant cette explication.

— Que les flageolets soient bénis ! dit Mme Godiveau à Mlle de la Hannetonnière.

Huit jours après, Suzanne était princesse Kali-Ben-Osroar. Elle eut treize enfants de son mari. Abel-Harcuplin essaya d'insinuer qu'il y en avait un de lui. Mais personne ne le crut.

XVIII

LE BEAU-PÈRE

On faisait le whist, ce soir-là, chez M. Vétiver, receveur de l'enregistrement à Champignol-en-Vexin. Le thé fumait dans les tasses et les menus propos de province allaient bon train au coin de la cheminée et derrière les éventails démodés. Mme Vétiver, une blonde sur le retour, ayant achevé de distribuer son infusion et ses pâtisseries, s'était rapprochée de son mari qui s'entretenait fort sérieusement avec le docteur Trousse-Cadet.

— Mélanie, disait M. Vétiver, a reçu des nouvelles de ce drôle de M. Cadet-Roussin.

— Mon ami, reprit Mme Vétiver, vous oubliez que M. Cadet-Roussin est mon père.

— Joli père, ma foi ! — Et où est-il maintenant ? hasarda le docteur.

— Toujours à Buenos-Ayres.

— Sans sou ni maille probablement ?

— Au contraire, il a fait une fortune considérable.

— Ceci mérite considération. Un rapprochement ne serait-il pas possible ?

— Jamais ! dit Mme Vétiver ; un homme qui a fait mourir maman de chagrin !

— Ma femme a raison, dit M. Vétiver... M. Cadet-Roussin s'est comporté comme un misérable avec sa femme et ses enfants... Cependant nous sommes ses seuls parents, et il serait dur de voir sa fortune aller à des étrangers.

— C'est positif, dit Trousse-Cadet.

— Et puis, les enfants ont-ils bien le droit de juger leurs parents ? continua M. Vétiver.

— Ça non ! jamais ! confirma le docteur.

— En sorte que vous, docteur, vous accepteriez l'offre qu'il nous fait de revenir parmi nous ; vous oublieriez tout, vous pardonneriez ?

— Certainement.

— Et vous iriez, après-demain, l'attendre au Havre comme il nous en supplie !

— Sans hésiter.

— Tu entends le docteur, Mélanie ?

— Oui, j'entends le docteur. Mais le pardon

lui est plus facile qu'à moi, à lui dont papa n'a pas torturé la jeunesse.

— Soyez généreuse, madame.

— Sois magnanime, Mélanie. Ton père est fort âgé et il nous récompensera bientôt, sans le vouloir, de notre dévouement.

— Mais il y a vingt ans que vous ne l'avez vu, madame Vétiver, et la vie aventureuse qu'il a menée a dû le changer terriblement. A quoi le reconnaîtrez-vous ?

— Papa y a bien pensé. Aussi nous a-t-il écrit qu'il porterait, en signe de ralliement, un pantalon nankin.

— Bon voyage ! mes enfants, conclut Trousse-Cadet. Croyez-moi, allez au Havre. Il n'est pas permis de négliger ses parents d'Amérique. Je dois la moitié de ma fortune à un frère qui a eu le bon esprit d'y mourir, il y a longtemps, un chenapan, un bohème, un coureur de pampas. J'habitais Paris à cette époque. C'est ce petit accroissement de fortune qui m'a permis de venir recueillir ici la clientèle du docteur Ragougnasse et d'y vivre fort agréablement, ma foi, estimé de mes concitoyens et adoré de mes amis. C'est à lui aussi que je dois d'avoir pu faire une situation à mon filleul Agénor-Polycarpe Visalœil. Tout vient bien à qui sait l'attendre.

Et le docteur Trousse-Cadet se frottait les mains avec un air absolu de satisfaction.

— Nous partirons demain pour le Havre, dit le soir même, les bougies éteintes, M. Vétiver à sa moitié.

— Si vous saviez combien cela me coûte de revoir un homme qui s'est si mal conduit! répondit Mélanie.

Mais M. Vétiver avait sur lui un argument irrésistible auquel Mélanie ne résistait jamais. Tenu éveillé par le thé, il fut éloquent, et gagna sa cause haut la main, comme dit une expression impropre dans ce cas.

Et le lendemain, en effet, le Havre comptait deux habitants de plus, juste de quoi faire mentir le rapport de statistique paru le matin même chez le libraire Pémousseux.

Nous passerons, si vous le voulez bien, la description du navire entrant en rade. Vous trouverez ça partout où vous voudrez. Pour être un peu moins commun que la rue de Paris au soleil couchant, cet article est néanmoins fort répandu dans l'industrie romancière contemporaine. Je vous le procurerai à bon compte quand vous le désirerez. Donc le navire est entré en rade, éclaboussant d'argent la nappe vaste des eaux. Ses passagers agitent des mouchoirs sur le pont et les parents des passagers leur crient, du quai, d'aimables paroles. Enfin le débarquement s'effectue, au milieu des étreintes et des reconnaissances, avec un grand brouhaha de cris de joie et de caresses. M. et Mme Vétiver guettent le pantalon de nankin annoncé. Mais toutes les culottes, toutes les culottes de la terre sont là, sauf celle dont le jaune clair doit les remplir de filiale tendresse. Ils attendent, ils attendent toujours. Tout le monde est descendu. Pas plus de culotte nankin que sur ma tête.

Inquiets et désenchantés, ils s'adressent au capitaine :

— Tous vos passagers ont quitté le bord? lui demandent-ils.

— Tous, sauf un, répond le capitaine, un loup de mer, avec des nageoires de poil noir aux deux côtés du visage.

— Et où est celui-là ? s'écria M. Vétiver.

— Dans ma cabine. C'est un malheureux qu'une attaque de paralysie a surpris en route et dont je ne sais que faire. Car il est complètement incapable de mouvement et d'une bien désagréable compagnie. Heureusement que j'avais un fauteuil-lit sur lequel je l'ai tant bien que mal attaché.

— A-t-il un pantalon nankin ?

— Ma foi, allez le voir si vous le voulez et Dieu veuille que vous m'en débarrassiez ! Car je ne connais rien de lui ni de sa famille.

M. et Mme Vétiver descendirent à la cabine du loup de mer.

Il y trouvèrent, en effet, un pauvre diable assez misérablement installé dont la figure seule semblait vivante et avait des contractions continuelles. A ses jambes flottaient les débris d'un pantalon déchiré, sans doute dans sa crise, et dont la couleur, bien vague cependant, parut à M. Vétiver se rapprocher infiniment du jaune.

D'ailleurs le doute n'était pas possible, aucun des autres voyageurs n'ayant répondu au signalement.

— Embrasse ton père, fit M. Vétiver à Mélanie.

Et il pensait en lui-même :

— Quelle occasion de se montrer sublime de dévouement pour cette vieille canaille ! D'ailleurs nous n'en serons pas bien longtemps tourmentés. Trousse-Cadet nous l'expédiera dans un monde meilleur en un tour de main.

Deux jours après, il n'était question dans Champignol-en-Vexin que de l'admirable conduite du receveur de l'enregistrement et de sa femme et des soins affectueux dont ils comblaient un indigne ascendant. Le fait est que le débarqué n'apportait pas précisément un élément de gaieté dans la maison. Les services qu'exigeait son état étaient fort ressemblants à ceux dont on entoure la première enfance. Mais la nature donne, pour cela, aux mères un courage très particulier. C'était une sujétion de tous les instants que la garde de ce malade muet, mais non pas inodore. D'autant que le docteur Trousse-Cadet, pris d'un bel amour de la science et de l'humanité, avait prescrit, pour cela, un traitement fort difficile à suivre au moins pour ceux qui l'administraient.

Le pis est que, loin de paraître reconnaissant de la peine qu'on se donnait pour lui, le paralysé

11.

exprimait, avec son visage, seule partie de lui-même restée capable d'exprimer quelque chose, un mécontentement et une colère épouvantables. Ses petits yeux lui sortaient de la tête comme des escarbilles enflammées et sa bouche grimaçait comme celle d'un possédé quand on approchait de lui. Son nez, lui-même, frissonnait et se plissait avec de sourdes fureurs.

— Comme papa est resté méchant! pensait douloureusement Mélanie.

Mais le ménage ne se rebutait pas pour les intérieures colères du malade.

— C'est bon signe, disait le docteur Trousse-Cadet. Ça prouve que l'intelligence n'est pas morte et que la sensibilité renaît par l'effet de mes remèdes.

En effet, le pauvre docteur se donnait un souci épouvantable de la guérison de ce malheureux. Il avait fait venir Polycarpe de Paris pour l'aider dans cette tâche glorieuse de ressusciter un mort. Tandis que le docteur compulsait tous les dictionnaires de médecine, Polycarpe frictionnait, irriguait, massait, cataplasmait, sinapisait, saignait, sondait, torturait en conscience le martyr livré, sans défense et sans mouvement, à l'imagination d'un vieil âne et d'un jeune apothicaire en délire. Et plus on faisait d'efforts pour le tirer d'affaire, plus le vieillard ingrat paraissait furieux.

— Il remue ! il s'agite ! il est sauvé ! il va parler !

Et le docteur Trousse-Cadet, ivre de joie, sautait dans la chambre comme un jeune cabri autour du fauteuil où le malade, comme redevenu maître de ses membres, effectuait, en effet, une pyrrhique inaccoutumée.

Et M. et Mme Vétiver, anxieux, attendaient les premiers mots de tendresse qui allaient certainement sortir de la bouche de Cadet-Roussin rendu à la raison.

Ils n'attendirent pas longtemps. Les premiers mots furent :

— Nom de D... ! Tas de crapules ! allez-vous enfin me f... iche la paix !

Et, comme ces propos imprévus étaient accueillis par une stupeur générale, il continua :

— Ah ! misérables ! voilà trois mois que vous me retenez ici et m'empêchez d'aller à mes affaires. Mais vous me payerez des dommages et intérêts : je vous poursuivrai en justice !

— Il est fou ! murmura le docteur Trousse-Cadet. J'aurais mieux fait de le laisser comme il était.

— Non ! vieil animal, je ne suis pas plus fou que mort, et je viens reprendre ma part de l'héritage que m'a soufflé un frère qui avait trop facilement accueilli la nouvelle de mon décès.

— N'êtes-vous donc pas monsieur Cadet-Roussin ? demanda M. Vétiver au comble de l'étonnement.

— Non, monsieur ! M. Cadet-Roussin est mort dans la traversée...

— Pauvre père ! murmura Mélanie en sanglotant.

— On m'a même habillé, après mon attaque, des restes de sa défroque.

— Mais vous, monsieur, qui êtes-vous ? intrigant qui venez vous faire soigner chez des étrangers !

— Moi, je suis Hippolyte Trousse-Cadet, le chasseur de buffles, celui qu'on croit trépassé depuis trente ans !

— Ah ! mon Dieu ! mon frère !

Et le pauvre docteur se trouva mal de saisissement.

Rien ne fut moins touchant que cette reconnaissance de famille. Hippolyte fut très exigeant et se fit rendre compte, jusqu'au dernier, de tous les sous qu'il crut pouvoir revendiquer. C'était, pour le malheureux docteur, la juste récompense des soins qu'il lui avait prodigués sans le connaître, et auxquels il devait certainement la vie.

Agénor-Polycarpe, qui avait également beaucoup contribué à sa guérison, fut à peu près, du même coup, ruiné dans ses espérances

Mes amis, c'est comme ça que la vertu est récompensée ici-bas.

XIX

LE RENDEZ-VOUS

M. Wessedebringue, le dernier patron de Polycarpe, avait une fille charmante... je dis charmante pour des yeux bourgeois. Une figure chiffonnée et grassouillette, un teint fleuri, des yeux grands mais sans rêverie, une taille longue et fine, de tout petits pieds, tout ce qui suffirait, en un mot, à me faire haïr une femme, mais tout ce qui enchante aussi des gens d'un autre goût que moi. Jouant du piano comme un ange (je dis cela exprès parce que les anges qui sont de première force sur la harpe jouent, par cela même, ridiculement du piano), dessinant comme Victor Adam, sachant juste assez d'anglais pour être bégueule, elle jouissait d'une de ces éducations dont je ne saurais supporter les fruits sans les mordre de rage. Mais Polycarpe n'était pas de mon avis et était réellement fort amoureux de cette péronnelle. J'entends amoureux comme on peut l'être pour le bon motif, c'est-à-dire infiniment moins que pour le mauvais. Son parrain Trousse-Cadet, instruit de ses visées matrimoniales, les avait approuvées. Mlle Polymnie n'était pas sans dot. Non que Wessedebringue fût disposé le moins du monde à se saigner la bourse pour faire le bonheur de sa fille. Mais le vieux pingre avait gagné beaucoup d'argent qui ne pouvait manquer de revenir un jour à son unique enfant. Son invention des *pilules fondamentales à base de cacao*, lesquelles étaient à l'usage des personnes ayant le gosier étroit et se prenaient par le bas, avait eu un immense succès en Allemagne. Leur absence parfaite de goût les recommandait aussi aux gens qu'incommode la seule odeur des médicaments. Du côté du fiancé, tout allait donc à souhait. Il est vrai que M. Wessedebringue n'avait aucune confiance dans l'avenir pharmaceutique de Polycarpe et que Mlle Polymnie ne trouvait pas son futur joli. Mais l'héritage assuré du docteur Trousse-Cadet faisait passer assurément sur toutes ces misères. Tout allait donc pour le mieux de part et d'autre.

Un grand dîner qui, sans être positivement et officiellement un repas de fiançailles, réunissait cependant les amis des deux familles, fut donné par M. Wessedebringue. Parmi les invités était un médecin, grand partisan des fameuses *pilules fondamentales à base de cacao,* le docteur Humevent, fort renommé pour ses bonnes fortunes en amour. C'était un de ces hommes d'âge moyen, aux yeux toujours chercheurs, aux poses toujours prétentieuses, aux silences plus bavards que la parole, compromettants sans rien dire, un de ces anciens beaux dont on a beaucoup parlé et qui ne sauraient paraître quelque part sans que toutes les femmes n'échangent des regards mystérieux et des mots à voix basse. Vous connaissez tous comme moi ce type de Don Juan sans manteau, mais vous ne le détestez pas certainement autant que moi. Polycarpe était plein d'une admiration muette pour cet imbécile, mais se promettait bien de ne pas le recevoir dans son ménage quand il serait marié. Lorsque Humevent s'approcha de Mlle Polymnie pour la saluer, Polycarpe, qui les épiait avec un pressentiment fut estomaqué d'apercevoir sa future candide glissant un petit papier ployé dans les mains du galant médecin. Il faillit même en tomber à la renverse sur une console chargée de pâtisseries. Le docteur n'avait pas lu le petit mot tout de suite et l'avait glissé dans une des poches de derrière de son habit, d'un geste nonchalant et qui ne pouvait attirer l'attention, tandis que son regard satisfait semblait dire : — « Nous y sommes habitués et nous verrons cela plus tard. » Cet air de fatuité exaspéra plus encore Polycarpe qui résolut d'avoir, à tout prix, le cœur net de cette aventure, en s'emparant du mystérieux billet. Donc, pendant que, au moment du café, le docteur Humevent pérorait, un cigare aux lèvres, il se glissa derrière lui, fouilla doucement le pan incriminé, en ravit fort heureusement l'objet et, passant dans la pièce voisine, y lut désespérément ces mots qui se pouvaient passer de commentaire : *Demain, à quatre heures, rue d'Aumale, 27. Vous demanderez Mme Samson.*

— Que les femmes sont canailles ! pensa le naïf apothicaire.

Une machiavélique idée de vengeance lui passa par le cerveau. Sur un autre petit bout de papier pareil, il écrivit d'une main tremblante : *Demain, à quatre heures, rue du Bac, n° 69. Vous demanderez Mlle Dalila.* Puis, rentrant résolument et trouvant, comme à son départ, l'attention publique confisquée par un récit graveleux du docteur Humevent, il substitua le rendez-vous menteur au précédent.

— Comme cela, se dit-il, il ne viendra pas me déranger et je pourrai, à ma guise, confondre l'infidèle.

Car il avait fait son plan tout de suite — et quel plan ! Il irait au rendez-vous à la place de Humevent et verrait un peu la tête que ferait Mlle Polymnie en se trouvant face à face avec lui !

Et, le lendemain, il le fit comme il l'avait conçu :

A quatre heures sonnantes, il se présentait, 27, rue d'Aumale, demandait Mme Samson au concierge qui lui indiquait l'étage et lui remettait une petite clef, entrait sans frapper et se trouvait en face d'une jeune femme qui n'était nullement Mlle Polymnie.

Celle-ci eut un petit geste de surprise, tandis que Polycarpe se frottait les yeux en se demandant s'il ne venait pas de faire quelque affreuse boulette.

— Monsieur, lui dit gracieusement l'inconnue, en lui faisant signe de s'asseoir, vous me pardonnerez le petit sentiment d'étonnement avec lequel je vous ai accueilli. Vous avez l'air si prodigieusement jeune pour votre âge !

« Elle se trompe certainement, pensa Polycarpe. Mais qu'y faire ? Soutenir mon rôle pour savoir la vérité. »

— Ce n'est pas un compliment que je vous fais, monsieur, continua la dame, mais jamais on ne vous donnerait cinquante ans. Oh ! ne vous défendez pas ! la confession que j'ai à vous faire est si délicate, qu'avant de la prier de vous envoyer à moi, j'avais pris des renseignements sur vous auprès de mon amie de pension Polymnie Wessedebringue. Je n'aurais pas osé parler devant un jeune médecin.

— Je vais en entendre de jolies ! pensa Polycarpe.

En effet, ami lecteur, l'entretien fut de telle nature qu'il te faut contenter, pour en deviner la substance, des quelques mots émergeant d'une conversation à voix basse.

. . . .

— Depuis trois mois déjà.
— Oui, docteur.
— Vous n'avez pas mis de sinapismes au bout de quelque jours ?
— Ils n'ont amené aucun résultat.

. . . .

— Que voulez-vous, ma chère enfant, il n'y a pas à violenter la nature. L'essentiel maintenant est de préparer votre famille à l'idée de vous laisser faire, seule, un voyage de trois mois au moins. Vous avez bien une amie d'enfance mariée à qui vous pouvez avouer votre cas, et qui vous aidera à tout cacher à vos parents. Je vous adresserai à un bon médecin de la ville ou viendrai moi-même au moment fatal.

(Vous voyez que notre ami Polycarpe prenait

son rôle de Humevent tout à fait au sérieux. Il était, comme on dit, entré résolument dans la peau du bonhomme.)

— Vos parents sont-donc bien terribles! continua-t-il.

— Non, docteur, ils sont très doux, au contraire, mais ils avaient une telle haine pour l'auteur de mon embarras que, s'ils savaient que c'était lui qui... ah! ils le tueraient certainement.

— S'ils découvrent jamais quelque chose, n'allez pas le nommer, au moins! Laissez plutôt croire que c'est un autre.

— Merci du conseil, docteur.

A ce moment, un bruit de pas précipités emplit le couloir de l'appartement, et des coups formidables furent lancés dans la porte.

— Ouvrez, ouvrez, malheureux! ou j'enfonce tout.

— Ciel! s'écria la pauvre jeune femme, la voix de papa! Je suis pincée!

Un homme entra furieux, suivi d'une femme, la sienne, gesticulant comme une possédée, escortée elle-même de deux ou trois benêts représentant les comparses de la famille.

Polycarpe s'était blotti dans un coin, et la coupable, se jetant aux pieds de l'homme furieux, l'implorait avec une mimique tout à fait touchante.

— Malheureuse! lui dit ce citoyen courroucé, croyais-tu donc que ta mère ne se fût aperçue de rien? Aussi nous avions résolu de te suivre, et nous t'avons suivie. Tu vas nous dire immédiatement où se cache ton séducteur, car tu n'es pas ici seule, et si c'est ce misérable Ernest...

Le père, exaspéré, tira un pistolet d'arçon de sa poche.

— Vite! le père de ton bâtard! hurla-t-il, perdant tout à fait le sentiment des convenances.

L'infortunée agonisait. Mais un éclair sembla passer devant ses yeux. Le conseil de Polycarpe lui revenait à la mémoire. Aussi, se relevant, s'avançant résolument vers le coin où il se dissimulait, et le découvrant complètement:

— C'est monsieur, fit-elle, en ramenant ses deux mains tremblantes sur son front rougissant.

L'homme au pistolet s'approcha de lui, à pas comptés, mais d'un air menaçant:

— Votre intention, monsieur, fit-il en scandant ses mots, est-elle de réparer vos torts en épousant mademoiselle?

— Assurément, monsieur, répondit Polycarpe. qui avait perdu la tête, tant il avait peur.

— Topez là, mon gendre !

— Embrassez-moi, mon fils !

— Votre main, notre cher cousin !

Et toute la famille l'entoura de démonstrations affectueuses. Jour fut pris pour régler les détails d'intérêt — détails bien simples — la demoiselle ne possédant pas un radis.

Le lendemain, Polycarpe, sur le conseil de son parrain Trousse-Cadet, filait pour l'Amérique.

Et le docteur Humevent ?

Le hasard est un singulier drôle. Ne se trouva-t-il pas, au 69 de la rue du Bac, une demoiselle avec laquelle il passa, ma foi, une heure fort agréable ? Il est vrai qu'elle ne s'appelait pas Dalila, mais Trognonnette. Voilà bien des subtilités dont le docteur Humevent était depuis longtemps revenu !

XX

LE BŒUF A LA MODE

Cette dernière aventure se passe à New-York. M. Visalœil, pharmacien de première classe de l'École de Paris, inventeur de l'*huile de chou,* recommandée par le médecin en chef des hôpitaux de Madagascar pour le traitement des panaris, est mélancoliquement assis derrière les deux bocaux traditionnels, l'un vert, l'autre rouge, celui-là plein de sulfate de cuivre et celui-ci de perchlorure de fer destinés tous deux à ne laisser aucun doute aux passants sur la nature vénéneuse des épiceries médicales qu'il confectionne par profession. Et vraiment on serait mélancolique à moins. Car il y a deux jours que Mme Visalœil a pris, comme on dit vulgairement, de la poudre d'escampette en compagnie de l'unique garçon matassin qui aidait son époux dans ses toxiques travaux. Une belle brune, cette

Mme Visalœil, avec une carnation de Bordelaise, ambrée et chaude comme celle d'une pêche, mais un diabolique caractère, et ayant plus vite donné un soufflet qu'un baiser.

Aussi n'était-ce pas précisément sa personne dont le regret avait mis un nuage au front du méthodique apothicaire. Mais, en causant avec un de ses amis et clients, M. Jacques Stephenson, avocat consultant pour causes scandaleuses, le pauvre homme avait appris que, par une fiction bienveillante de la loi, il demeurait responsable de toutes les dettes qu'il plairait à Mme Visalœil de faire loin du domicile conjugal. C'est ainsi qu'il pouvait être condamné, en vertu de textes authentiques, à payer les cravates, les chemises et les bottines que son ex-compagne aurait la fantaisie d'offrir à son amant. Cette beauté du Code, entre tant d'autres, laissait M. le pharmacien de première classe froid. Il la trouvait même absurde et méditait les moyens de frustrer honnêtement les créanciers de sa moitié, en louant sous un nom d'emprunt un entrepôt de tout ce qui pouvait être saisi. Tout à coup, il fut tiré de sa rêverie par l'arrêt d'une voiture élégante devant sa boutique. Une dame, plus élégante encore, en descendit et ouvrit la porte de l'officine avant que le galant marchand de drogues eût eu le temps d'aller au-devant d'elle.

— Monsieur, lui dit avec quelque embarras la nouvelle venue, vous m'excuserez, en qualité de voisine, de vous entretenir de détails difficiles et sans grand intérêt.

— Parlez, madame, je vous en prie.

— Je suis mère, monsieur, et c'est encore pour moi un titre à votre indulgence. J'ai un fils de seize ans.

— Vous devez vous tromper, madame, exclama le courtois Visalœil.

— Non ! pas du tout. Cet enfant ne m'a jamais quittée et je m'inquiète, pour lui, des choses les plus futiles.

— Heureux jeune homme !

— Donc, monsieur, mon fils est monté hier à cheval pour la première fois et, avec l'imprudence naturelle à la jeunesse, il a prolongé cet exercice fort au delà de ce qu'eût indiqué la raison. Si bien qu'aujourd'hui le pauvre enfant... je ne sais comment vous dire... ne peut plus s'asseoir sans éprouver d'intolérables douleurs et supporte à grand'peine le plus indispensable et le plus léger des vêtements.

— Connu, madame, et sans danger, répondit immédiatement M. Visalœil.

Et, comme il avait autrefois servi dans les infirmiers, il ajouta avec une fatuité toute militaire :
— C'est ce que nous appelions, au régiment, un bœuf à la mode. Bien qu'inventée dans un autre but, mon *huile de chou* fera merveille pour le guérir. Veuillez m'envoyer tout à l'heure monsieur votre fils.

— Quoi, monsieur, vous voudriez, vous-même...

— Certainement, madame, ces choses-là me connaissent. Je veux examiner moi-même l'étendue du dégât et faire de mes propres mains la première application.

— Ah ! monsieur, comment reconnaître... ?

— Ne me remerciez pas, madame, je ne fais que mon devoir. Un grand chirurgien dédaignerait cette humble besogne, mais nous autres pharmaciens nous sommes plus indulgents aux petites misères de l'humanité. Envoyez-moi donc votre cher malade bien vite.

— C'est que, monsieur, mon fils est très timide, et vraisemblablement fera-t-il mille difficultés pour vous montrer...

— Je vaincrai ses scrupules à force de bonhomie.

— Insistez, je vous en prie. Au besoin, faites-lui une douce violence.

— Comptez sur moi, madame, pour lui faire entendre raison, et, au besoin, pour surprendre son secret par la ruse.

Et Visalœil ajouta avec une modestie charmante :

— Ne sommes-nous pas un peu des confesseurs ?

La noble dame était remontée en voiture, en se confondant en actions de grâce.

Suivons-là, je vous prie, jusqu'aux grands magasins des *Trois Orphelines*, devant lequel son équipage s'arrêta de nouveau. On dit beaucoup de mal des grands magasins, dans ce moment-ci. On prétend qu'ils tuent le petit commerce. Je vous demande un peu ce que cela nous fait que les petits merciers et les petits bonnetiers, voire même les petits quincailliers, soient dans le marasme. Est-ce qu'ils donnaient leurs bretelles et leurs manches à gigot pour rien, ces petits débitants sur lesquels on voudrait nous apitoyer ? — Autant de bras rendus à la charrue, dirait M. Prud'homme. — Moi je ne dis rien du tout, si ce n'est que ça m'est tout à fait égal. Je ne reproche aux grands magasins que d'avoir chipé aux gouvernements une administration que nous enviait le Tombouctou. Ah! dame! ils ont pris les belles façons des ministères. J'ai un ami qui, l'autre jour, a causé trois heures avec un chef de rayon, en croyant entretenir un chef de bureau des Affaires Étrangères. Il commençait même à s'étonner que celui-ci ne lui eût pas encore offert une croix, quand il reconnut sa distraction.

Mais je reprends le fil de mon récit. La dame élégante a profité de ma digression pour acheter force dentelles et bibelots qu'elle a fait entasser dans sa voiture.

— Ah! mon Dieu, dit-elle en passant au comptoir où trois messieurs chauves tripotent de la monnaie, et en consultant son porte-monnaie, je n'ai pas pris assez sur moi!

— Voulez-vous qu'on fasse porter vos achats chez vous, madame ?

— Quel ennui de les déménager à nouveau !

— Tenez ! faites donc quelque chose de bien plus simple. Envoyez immédiatement toucher la facture chez mon mari, dont le laboratoire est tout près d'ici et qui est d'ailleurs prévenu.

Un des messieurs chauves appela :

— Monsieur Philémon !

Un jeune homme blond, aux formes athlétiques, descendit un escalier en limaçon.

— Voulez-vous aller tout de suite, à l'adresse indiquée par madame, faire solder ceci ?... Il suffit, madame Visalœil, ajouta-t-il gracieusement.

Et, galamment, un garçon galonné reconduisit l'acheteuse jusqu'au marchepied de son landau, qui fila comme le vent.

Vous avez deviné, n'est-ce pas — car vous n'êtes pas bêtes au fond — que l'intrigante avait donné l'adresse du malheureux inventeur de l'*huile de chou*, fort avantageusement connu dans tout le quartier ?

Quand M. Philémon se présenta devant M. Visalœil :

— Quelle préparation désire monsieur, et où est son ordonnance ? lui demanda celui-ci avec son air habituel, cérémonieux et familier à la fois, cet air de pharmacien qui tient du curé et du diplomate.

— Je viens pour autre chose, répondit le commis, pour autre chose que vous savez.

Et il avait dans l'expression des yeux cette pointe de mystère qu'y mettent quelquefois inutilement les imbéciles.

— C'est mon jeune homme, pensa Visalœil. Et sa mère qui me l'avait dépeint faible et débile ! Quel gaillard ! ô illusions sacrées ! Voulez-vous, monsieur, reprit-il plus haut et très gracieusement, passer dans mon cabinet ?

M. Philémon obéit en s'inclinant.

Tous deux entrèrent dans une façon de petit salon situé derrière la boutique et dans lequel un Esculape en cuivre s'ennuyait furieusement sur une pendule Empire.

— Maintenant, montrez-moi…

Le commis voulut fouiller dans sa poche pour en tirer la facture. Mais Visalœil l'arrêta.

— Non ! mon ami. Une simple notice même détaillée ne me suffit pas. Il faut que je constate par moi-même. Otez donc...

— Je n'ai rien à ôter, exclama M. Philémon Nous ne surfaisons jamais.

— Vous ne me comprenez pas. Je suis convaincu que votre petit mémoire est très exact.

— Eh bien, alors ?

— Eh bien, alors, je vous prie de retirer votre pantalon.

M. Philémon faillit tomber à la renverse.

— Pardon, monsieur, fit-il, mais je n'aime pas les mauvaises plaisanteries.

— Sa mère m'avait bien dit qu'il ferait des difficultés, pensa M. Visalœil ; mais je lui ai promis d'en avoir raison. Voyons, mon enfant, pas de cérémonies puériles, montrez-moi votre bœuf à la mode !

Un soufflet qui eût abattu un bœuf lui tomba sur la figure. Perdant patience, le pacifique Visalœil y répliqua par un immense coup de pied. Alors une indescriptible scène de pugilat commença dans le cabinet de l'apothicaire sous les yeux réjouis de l'Esculape de cuivre qui goûtait enfin un peu de distraction. Le vacarme fut tel que la police dut se ruer dans l'office et séparer les combattants.

— C'est la femme de monsieur qui m'avait envoyé toucher une quittance, dit fort tranquillement M. Philémon quand on en vint à la période des explications.

— La misérable ! s'écria M. Visalœil subitement ramené à un autre ordre d'idées.

En même temps une femme se précipitait dans la boutique et se jetait à ses pieds en criant : Grâce ! grâce ! Aristide, pardonne-moi !

Celle-là était la véritable Mme Visalœil, qui, prise de remords et abandonnée par l'infâme potard qui l'avait séduite, réintégrait le domicile légal, les pâleurs de la honte au front.

— Vous pardonner ! jamais, madame ! s'écria le pharmacien exaspéré, j'aurais passé sur votre inconduite, mais les dettes que vous avez faites en mon nom...

— Quelles dettes ? murmura la pauvre femme d'une voix éteinte.

—Demandez à monsieur, qui venait en exiger le payement, répondit M. Visalœil en montrant Philémon.

— Mais ce n'est pas madame qui est venue au magasin ! hurla celui-ci d'une voix de Stentor.

Ce fut une révélation.

Les propriétaires des *Trois Orphelines* avaient été volés, victimes, une fois de plus, d'une de ces fausses grandes dames qui sont la ruine du commerce parisien et forcent les pauvres marchands à tout vendre si cher !

M. Visalœil, ravi de ne rien devoir, serra sa femme dans ses bras.

— Jamais, dit le pauvre Philémon, je n'oserai rentrer au magasin. Quand je leur annoncerai leur mésaventure — je connais le cœur humain — ils me flanqueront à la porte.

— Monsieur, lui dit affectueusement Visalœil qui était, au fond, une bonne bête, j'ai été un peu vif avec vous et ne saurais souffrir que vous perdiez encore votre position pour moi. Si vous voulez remplacer l'élève que j'ai récemment perdu...

— Oh ! oui, monsieur, remplacez-le ! ajouta Mme Visalœil en dardant sur le robuste Philémon les braises méridionales de ses yeux.

Et il remplaça : Il remplaça même très bien.

LES NOUVEAUX MALHEURS

DU

COMMANDANT LARIPÈTE

LES NOUVEAUX MALHEURS

DU

COMMANDANT LARIPÈTE

I

LA CEINTURE DES GRACES

Si je vous demandais inopinément quelques détails sur les physiques respectifs de nos vieux amis le commandant Laripète et l'amiral Le Kelpudubec? — Eh quoi? vous demeurez muets comme des orgues sans vent? — Plût au ciel que tout le monde eût fait comme vous dans l'histoire que je commence! — Non, vraiment? je ne vous ai jamais dit que celui-ci était rond comme un muid et celui-là plat comme une latte? Le même homme tiré en deux sens différents par les mains capricieuses du destin, ici en large et là en long ! Je répare mes torts. Avec sa grosse boule rougeaude que surmonte un chaume de cheveux grisonnants, Laripète a l'air d'un fromage de Hollande en train d'accoucher d'une brosse à dents. Avec sa face patibulaire, dénudée au sommet et s'éplorant par la base en favoris pendants, Le Kelpudubec donne assez l'idée d'un parfait en train de fondre. *Arcades ambo!* comme dit le poète. Mais, pour moi, je préfère infiniment la bonhomie dodue du premier à l'élégance émaciée du second. Cependant les dames trouvent généralement Laripète commun et Le Kelpudubec distingué. La mode de ce temps, pour les hommes du moins, est à la maigreur. Pourvu que les bœufs et les poulets ne nous l'empruntent pas ! nous aurions, le diable m'emporte, de la jolie cuisine !

Quoi qu'il en soit, quand l'innocent Laripète s'étonne, devant son vieux compagnon, de la différence de leurs fortunes, pouvant compromettre la vie de trois cents hommes au plus, tandis que Le Kelpudubec a le droit de perdre une flotte entière, ce dernier se contente-t-il d'opposer, par une pantomime expressive, son ventre en dedans et ses jambes en flûtes au bedon impétueux et aux cuisses boudinées du naïf et curieux militaire.

Et cependant, pour être juste, c'est à la platitude de son caractère et non de son abdomen que l'amiral doit d'être arrivé au poste le plus envié de sa carrière, et il a cela de commun avec les trois quarts des gens dont on dit, dans le monde, qu'ils ont réussi. Là est le vrai secret des hautes destinées. Heureusement, le bon Laripète, doux mais digne avec ses chefs, n'y regarde pas de si près ; aussi est-il fermement convaincu que son embonpoint seul l'a empêché de coiffer, comme un autre, le claque galonné d'or que moisit un léger duvet de cygne.

— Fais-toi maigrir, mon vieux, si tu veux passer lieutenant-colonel à la prochaine inspection générale ! lui disait ironiquement le facétieux loup de mer.

— Mon pauvre Onésime, que dirais-tu, s'il te fallait rentrer dans ce ceinturon ? continuait implacablement la commandante, en lui montrant, à sa panoplie, le joli rond de cuir vernis, superbement agrafé de cuivre doré, dans lequel il avait enfermé sa taille, le jour de leur mariage.

Le pauvre commandant leva les yeux vers le trophée ; fixa, un instant, le matrimonial objet dont une fine poussière attestait le long repos, se leva pour le contempler de plus près, s'assura qu'aucun jeu nouveau de la boucle ne permettait de l'élargir et, frappant la table d'un énorme coup de poing :

— Nom de nom ! fit-il d'une voix de tonnerre, à la prochaine inspection générale, je le porterai.

Le Kelpudubec, la commandante et Blanc-Minot se roulèrent, comme des cigarettes, à cette exclamation inattendue.

Mais ils méconnaissaient, en se livrant ainsi à une hilarité déplacée, l'énergique nature et la volonté de fer de Laripète.

Dès le lendemain matin, celui-ci allait trouver le médecin-major Vessdebringue, chargé, par le gouvernement et la Faculté, d'entretenir, en temps de paix, la mortalité dans le régiment. Car vous comprenez bien que si un fonctionnaire ne présidait pas à ce soin, les soldats, dont la jeunesse et la santé ne respectent rien, fausseraient toutes les lois de la statistique générale et feraient les mille misères à ces pauvres statisticiens.

Vessdebringue — je m'empresse de l'ajouter — était à la hauteur de sa mission. Il pouvait, à la rigueur, remplacer le canon Krupp ou le choléra morbus. Il eut bientôt tracé au commandant les grandes lignes d'un traitement qui devait le faire confondre, avant six mois, avec les gazelles du Jardin d'acclimatation.

Inutile de dire que l'héroïque militaire s'y conforma comme aux lois les plus saintes de la discipline. Il adressa aux farineux, sous les espèces d'un énorme plat de pommes de terre frites, des adieux qui eussent humilié ceux de Fontainebleau. Il sacrifia sur l'autel abandonné des alcools un dernier flacon de chartreuse. Au lieu de monter son cheval lui-même, il chargea son ordonnance de ce soin et s'exerça à suivre à pied la bête au grand trot. Tout lui devint appareil à douches, jusqu'aux pièces les plus secrètes du mobilier de la commandante. Il se fit envoyer par grande vitesse une pièce d'eau de Pulna de la comète et une caisse de bouteilles d'Hunyadi-Janos supérieur. Non content de sabler les Sedlitz les plus voluptueux, il se condamna aux viandes tellement saignantes qu'on entendait quelquefois beugler et bêler dans son assiette. Vessdebringue lui avait affirmé qu'en faisant tout cela il perdrait régulièrement 100 grammes par jour et 103 grammes le dimanche. Laripète commença à se peser, matin et soir, pour vérifier expérimentalement, comme le recommande M. Émile Zola, cette loi.

Pour cela, il entrait chez le premier fournisseur venu, y achetait une bagatelle et se fourrait machinalement sur la bascule, comme pris d'une enfantine curiosité.

Un jour, chez un charbonnier qui venait de lui livrer un margotin de quatre sous, eut une fausse joie. Il se trouva qu'en douze heures il avait adiré trois livres et demie. En suivant cette proportion, il calcula mentalement qu'en soixante-six jours il ne pèserait plus rien du tout, ce qui était évidemment un idéal et même un comble. Mais la beauté même de ce résultat lui donna des doutes sur sa véracité. Ayant examiné les choses de plus près, il s'aperçut que, sur l'autre plateau de la balance, ledit charbonnier avait oublié, pendant la pesée, son chapeau, lequel était si prodigieusement gras et crasseux que tout s'expliquait par la présence de cette coiffure inutile.

Une autre fois, il fit une découverte plus fâcheuse chez un charcutier où il avait acquis un demi-mètre de chipolatas. Il y apprit avec stupeur que, depuis l'aurore, il avait engraissé de cinq kilogrammes. Bouleversé par cette effroyable déception, il se livra immédiatement à des investigations minutieuses dont le résultat fut que le charcutier vendait, depuis dix-huit ans, à faux poids, avec une balance non contrôlée. Il le traduisit, son demi-mètre de chipolatas à la main, en police correctionnelle et le fit condamner à un franc d'amende, les juges ayant reconnu que cet homme méritait toute indulgence, ayant agi par la force de l'habitude.

Une fois encore, il reconnut, chez un marchand des quatre saisons qui lui avait vendu deux tomates, que son poids n'avait pas varié depuis le lever du soleil. Fort intrigué, il fouilla dans ses poches et y trouva une pierre qu'un pick-pocket y avait glissée en échange de son porte-monnaie, et qui avait produit cet équilibre menteur.

Ah! ce fut une rude vie que la sienne pendant la durée de ce régime. Mais enfin la prophétie de

Vessdebringue semblait se réaliser. La commandante, Blanc-Minot et Le Kelpudubec lui-même étaient obligés d'en convenir : il maigrissait.

Oui, mais le jour de l'inspection générale venait à grands pas. Le jour de l'inspection générale était arrivé ! L'heure de l'épreuve avait sonné ! Le ceinturon avait été descendu de la panoplie, épousseté, astiqué, comme pour un nouvel hyménée.

Pendant que la commandante et Blanc-Minot battaient joyeusement des mains, je vous prie de croire que cette envieuse canaille de Le Kelpudubec faisait une assez vilaine grimace. Avec de grands efforts, il est vrai, en retenant son souffle comme un homme épeuré (que ne sut-il le retenir ainsi toujours !), Laripète était enfin entré dans le cercle fatal avec un héroïque : Ouf !

— Eh bien, madame, fit-il triomphalement, êtes-vous heureuse de me voir redevenu tel que j'étais autrefois ?

— Je vous dirai cela demain matin, répondit la belle Olympe en souriant.

— Superbe, mon commandant ! dit gaiement Blanc-Minot.

— Tu vas te faire crever d'apoplexie ! acheva l'amiral en haussant ses épaules pointues.

Quand eut lieu la parade, le général inspecteur baron Honoré Leloup de la Pétardière daigna remarquer le changement opéré dans le commandant et inscrivit, sur son calepin, une note évidemment flatteuse, où son élégance nouvelle était vraisemblablement appréciée. Cette note, je l'ai vue depuis. Elle était laconique comme une phrase de Jules César : « Laripète dégraissé. » Pas un mot de plus ; mais elle était tracée dans la colonne des avancements à proposer.

— Votre affaire va bien, avait-dit, après le défilé, au commandant, le capitaine d'état-major qui accompagnait le baron.

Un dîner superbe suivait la revue, présidé par Mme la générale, une pimbêche née Latour des Andouillettes, ce qui la rendait d'une insupportable fierté. Tout au plus avait-elle permis que ces messieurs se débarrassassent de leurs sabres, dans l'antichambre de son hôtel, avant de se mettre à table.

Un homme fièrement soulagé, ç'avait été ce bon Laripète en débouclant son ceinturon.

O revanche du long jeûne et de l'insupportable régime prescrits par le médecin-major Vessdebringue ! Le commandant mangea comme quatre, se bourra de farineux, s'injecta de coulis et de sauces mijotées. Arrière les viandes saignantes ! Le Pomard 1855 a forcé les liquides de Pulna, d'Hunyadi-Janos et de Sedlitz dans leurs derniers retranchements. De chaque plat qui repasse, Laripète reprend une belle lippée. La moitié d'une timbale de macaroni s'écroule dans son assiette et il redemande du macaroni ! Il se moque bien d'engraisser maintenant ! Il va passer lieutenant-colonel ! Le capitaine d'état-major l'en a assuré.

— Quand il s'agira de devenir colonel, puis général, il sait maintenant ce qu'il y a à faire. Il n'a plus même besoin de Vessdebringue et peut se traiter lui-même.

Cependant on se retire, et chacun, dans l'antichambre, rentre dans son armement respectif.

Pauvre Laripète ! Le repas l'avait si terriblement gonflé, qu'en retrouvant son ceinturon, il se crut en présence d'une jarretière de sa femme.

Cependant le général baron Honoré Leloup de la Pétardière, qui reconduit son monde avec une courtoisie charmante, le regarde du coin de l'œil. Il faut remettre son sabre coûte que coûte ! Laripète sue. Vains efforts ! La boucle et son agrafe n'arrivent pas à se rejoindre sur son abdomen tuméfié par la nourriture.

— Nom de D...! grommela-t-il à la fin, en tentant une dernière poussée, il faudra qu'un de nous deux pette !

Ce ne fut pas le ceinturon.

Celui-ci a repris, intact, sa place à la panoplie. Mais Laripète n'est pas lieutenant-colonel. Son juron impie lui a porté la guigne.

— Que voulez-vous ! dit le général baron Honoré Leloup de la Pétardière à l'amiral Le Kelpudubec, je l'aurais bien nommé tout de même, si ma femme ne l'avait pas entendu ! Mais vous savez, ma femme, une Latour des Andouillettes !...

Mauvaise raison, de vous à moi. Le général, qui est un courtisan, comme tous les gens arrivés, en avait nommé un autre tout simplement parce qu'il avait cru sentir que le vent soufflait d'ailleurs, comme on dit.

II

SOUVENIR DE CAMPAGNE

Je ne puis entendre parler d'Afrique, nous dit le commandant Laripète, sans me reporter aux meilleurs souvenirs de ma carrière et sans me rappeler mainte pittoresque aventure.

— Allons bon ! grommela, entre ses trois dents inégales, l'amiral Le Kelpudubec, encore une histoire de régiment ! Nous autres marins, ce que nous avons à conter est, au moins, intéressant, et nous le contons avec esprit. Aussi ne nous demande-t-on jamais aucune narration.

— Voyons, commandant, bien vite un de ces récits ! s'empressa de dire le lieutenant Blanc-Minot, qui ne pouvait pas sentir l'amiral Le Kelpudubec, en quoi il avait, de vous à moi, infiniment de chance.

— Soit, mes enfants ; mais si la nouvelle est,

comme je le crois, grivoise, vous noterez que je n'étais pas marié en ce temps-là.

— Tu m'étonnes, grogna Le Kelpudubec.

— Et pourquoi ?

— Parce que j'avais entendu dire de toi que tu étais né coiffé.

Et, sur ce méchant mot, le vieux loup de mer fit une grimace de vengeance satisfaite.

— Atchi ! Atchi !

— Commandant, la soirée est fraîche et vous vous enrhumez, continua Blanc-Minot. Puis-je vous prêter mon képi ?

— Volontiers, mon cher enfant. Vous avez plus de cheveux que moi pour vous garder du serein.

— Pauvre serein ! pensa l'amiral. Tu devrais savoir maintenant qui te coiffe.

Mais Laripète, qui n'avait rien deviné de ce monologue intime, n'en commença pas moins son petit roman sur le ton de la meilleure humeur.

— J'étais en ce temps-là, fit-il, en garnison à Blidah et tout à fait amoureux d'une boulangère. Ah ! cruelle Célestine ! Une gaillarde qui avait des yeux, et des dents ! Et de la vertu avec ça, beaucoup de vertu, trop de vertu ! Une inabordable créature ! J'avais été jusqu'à lui faire des vers, moi dont ce n'est pas le métier. Je crois bien qu'ils ne valaient rien. Mais pensez-vous que si on eût mis M. de Lamartine à la tête de ma compagnie, il n'eût pas fait aussi de la fichue besogne ! Chacun son état. Je ne trouve pas que César ait eu rien à envier à Virgile.

— Ni même à toi, interrompit Le Kelpudubec.

— Tenez, je me rappelle les quatre derniers, dont l'idée ne manque pas de finesse :

> Tu ne veux rien entendre
> Et tu me fuis, hélas !...
> Quand on vend du pain tendre,
> Comment ne l'est-on pas ?

Rien n'y faisait. Cette bécasse de femme avait peur de faire de la peine à son butor de mari. Il se nommait Gifflason, cet animal-là, et, tous les matins, il partait avec son caisson plein de gruau pour Bouffarick, au trot sautillant d'un petit âne noir que j'aperçois encore d'ici et que nous appelions Aboulifar. Vous connaissez tous, mes enfants, le modèle de ces caissons ? Il y a un type réglementaire.

— Je n'en ai jamais vu, dit l'innocent Blanc-Minot.

— Eh bien, ce sont de très larges coffres qu'on maintient ouverts au moyen d'une tringle dont une extrémité est fixée au couvercle et l'autre peut se poser sur le rebord de la boîte. Ce dernier bout est percé d'une rainure qui, lorsque le caisson est fermé, vient s'engager autour d'un taquet faisant office de serrure, si bien qu'il faut soulever la tringle pour ouvrir le coffre à nouveau.

Je reprends mon aventure. Cette mâtine de Célestine refusait absolument de tromper son Gifflason, sous prétexte que cela lui porterait malheur.

— En voilà une bêtise ! observa Le Kelpudubec.

— Je le sais mieux que toi, riposta Laripète.

Cette remarque faillit procurer à Blanc-Minot un accès d'hilarité tout à fait inconvenant. Mais il se contint et le commandant continua comme il suit :

— Il n'est rien dont une certaine ténacité en amour ne triomphe. Après six mois de cour pendant lesquels je perdis treize livres (accident que je n'ose comparer à l'incendie de la bibliothèque d'Alexandrie par saint Cyrille), l'inhumaine, enfin vaincue, me promit une journée de bonheur. Et quelle journée ! Gifflason partait de Blidah, à six heures du matin. Il est parti !

Ouais ? Vous croyez que je vais être assez bête pour vous donner le menu de mes distractions illicites pendant ces douze heures-là ! Oui ! oui ! léchez-vous les babouines, mes petits minets, comme jeunes chats à qui on apporte une jatte de lait chaud. Léchez, léchez, mes mignons ! Vous n'en saurez davantage. Apprenez seulement que mon bonheur fut souvent troublé par les bruyants remords de Célestine. Il n'est pas dans le monde de plaisir parfait.

Mais au lieu de vous initier à d'immorales confidences, j'aime bien mieux suivre avec vous la route où Gifflason fouaille Aboulifar sous un ciel de plomb fondant.

Il a livré tous ses pains et revient de Bouffarick à vide, quand la belle juive Léa le croise en chemin. O biblique simplicité revenant sur la terre avec le calme décor du grand désert où Agar a pleuré son fils, où Rebecca a désaltéré Jacob ! On s'arrête, on cause, on échange des dattes, on s'avoue une sympathie longtemps contenue.

— Si, pour nous donner un peu d'ombre, nous nous asseyions dans mon caisson ? hasarda Gifflason devenu entreprenant.

La belle Léa ne répondit rien, mais ne dit pas non.

— D'autant, continua le séducteur, qu'Aboulifar nous ramènerait, pendant ce temps-là, tout doucement à la ville.

— Au fait, dit la jeune fille, nous tiendrons le couvercle levé avec la tringle, ce qui nous donnera de l'air et coupera court aux cancans des indiscrets.

Ce qui fut dit fut fait. Et, ma foi, ils étaient fort agréablement assis au fond de ce singulier coucou.

Cric ! crac ! pan ! Une ornière qui fait basculer légèrement le véhicule. Il ne verse pas, mais la tringle s'échappe et vient s'emboîter dans le taquet, enfermant à clef nos deux conférenciers dans une boîte qu'il leur était matériellement impossible d'ouvrir du dedans.

Vous voudriez bien savoir ce qui arriva alors ? Léchez, léchez vos babouines, chers Rominagrobis. Ce n'est pas moi qui vous le dirai. J'estime seulement que le commencement de ce voyage en vase clos fut plus amusant que sa fin. Au bout d'une heure, le caisson, continuant à rouler en plein soleil avec une louable indolence, avait atteint intérieurement une température qui eût incommodé des vers à soie. Pris, dans cette atmosphère diabolique, d'un sommeil confinant à la léthargie, Gifflason et Léa gisaient inanimés au fond de leur landau improvisé.

Cependant, ne voyant pas revenir son mari à l'heure ordinaire, Célestine était d'une inquiétude mortelle dont je subissais tous les contre-coups.

— Vous le voyez bien, me disait-elle, qu'il lui est arrivé quelque accident.

Quand elle aperçut, sur la route poudreuse, Aboulifar cheminant seul devant sa charge sans guide :

— Dieu puissant ! s'écria-t-elle en s'arrachant les cheveux par avance, on a assassiné mon pauvre mari !

Puis, se tournant vers moi :

— Misérable ! c'est vous qui l'avez tué ! Je

vous l'avais bien dit que Dieu me punirait de l'avoir trompé !

Et elle sanglotait à fendre les plus durs margotins de la Forêt Noire et le cœur des juifs allemands les plus endurcis.

Ainsi clamant et gesticulant, elle courut jusqu'à la voiture à pain, mais s'arrêta à deux pas du véhicule, en en entendant sortir une façon de mugissement sourd et aggravé par l'écrasement.

— Ah ! juste ciel ! fit-elle, c'est un lion qui l'aura surpris et se sera ensuite tapi dans le caisson pour le manger plus tranquillement.

— Admirez, madame, lui dis-je, la sagesse de la Providence, qui a refermé sur ce méchant animal le piège qu'elle lui avait inconsciemment tendu.

Cependant, le bruit que Gifflason avait disparu et qu'un lion captif était enfermé dans sa voiture avait vite couru toutes les rues de Blidah. On venait de toutes parts pour assister à la capture de ce fauve dangereux, mais imprudent. Vingt hommes, la baïonnette au fusil, se rangèrent de chaque côté du caisson. Puis, avant de l'ouvrir, on tendit tout autour un immense filet qui devait emmailler les pattes du redoutable quadrupède et le rendre impuissant à bondir.

Ces préparatifs achevés, au moyen d'un crochet tenu à distance et en dehors du réseau, on délivra l'extrémité de la tringle. — Mais, contrairement à l'attente générale, le couvercle ne se souleva pas impétueusement pour laisser passer une bête furieuse.

Cependant l'inquiétude ne continua pas moins de régner dans l'assistance. Le lion se recueillait sans doute pour bondir plus sûrement.

— Tirons sur la boîte. Nos balles la perceront, dit tout à coup un des vingt hommes en sentinelle.

Mais, à ces mots, le couvercle enfin s'ébranla lentement, et deux têtes pâles et suppliantes apparurent... celles de Gifflason et de Léa. Un peu d'air leur était venu, une fois la tringle enlevée, et les avait ranimés au point de leur laisser entendre l'aimable proposition dont leur retraite était l'objet.

Un cri de surprise parcourut la foule.

Tout s'expliqua de soi. C'étaient leurs ronflements qu'on avait pris tout à l'heure pour l'héroïque langage du roi des animaux !

Je vous prie de croire que Célestine administra une honorable volée à son gredin d'époux ! La belle Léa eut aussi l'agrément de reprendre complètement connaissance sous une douche de gifles.

— Et les remords de Célestine ? demanda Blanc-Minot.

— Ils passèrent, acheva Laripète, mais au profit d'un autre que moi. Car elle continua à m'accuser d'avoir été la première cause de tout cela, en attirant sur elle le châtiment que le ciel réserve au premier adultère.

— Et elle avait raison, conclut Le Kelpudubec. Même en cette matière, ceux qui essuient les plâtres sont des sots. Ce que j'en dis, lieutenant Blanc-Minot, n'est pas pour vous.

III

LE MARCHAND DE BABOUCHES

« *Nouvelles d'Algérie :* — Les nouvelles continuent à être extrêmement satisfaisantes. Ce qui achève de tranquilliser tout le monde, c'est que personne ne sait où est Bou-Amena. On se perd en conjectures à ce sujet. Un seul fait reste certain, c'est que ce Bédouin stupide continue à se dérober aux bienfaits de la civilisation européenne et de la générosité française. On a fait vainement luire à ses yeux la perspective d'une sous-préfecture. Ce fanatique paraît dénué de toute ambition administrative. On rencontre encore quelquefois, en Afrique, quelques-unes de ces natures indécrottables qui se font un faux mérite de leur rébellion aux libéralités des gouvernements. »

— Et moi je les estime, ces natures-là ! dit Le Kelpudubec, interrompant la lecture à haute voix de son ami Laripète. Je les estime depuis qu'on m'a refusé la croix de grand-officier pour la donner à un imbécile qui avait plus de grade et plus de services que moi. Les rédacteurs de ton journal sont des crétins !

— Oh ! amiral ! s'écria la commandante. Vous ne lisez donc pas le roman *Les Hospodars de Batignolles ?* C'est si bien écrit ! Il paraît que c'est l'histoire d'un de nos derniers ministres. En voilà un gredin ! N'est-ce pas, Onésime ?

— Moi, dit Laripète, rien ne m'amuse comme la chasse qu'ils donnent, dans le désert, à ce Bou-Amena.

— Et pourquoi ça, mauvais citoyen ?

— Parce que Bou-Amena n'est plus au désert.

— Qu'en sais-tu, Onésime ?

— Je le sais si bien, ma chère Olympe, que si je n'avais pas craint la longueur de ta maudite langue de femme, je te l'aurais montré à la fête de Saint-Cloud.

Le Kelpudubec poussa de tels éclats de rire qu'il en envoya rouler quatre fausses dents sur la nappe.

— Ça t'apprendra ! dit Laripète. Oui, mes enfants, j'ai vu Bou-Amena comme je vous vois. Seulement il vendait des gaufres, et vous en mangez. Je ne pouvais m'y tromper. J'avais acheté sa photographie dès le début de la guerre.

— Et tu n'as pas immédiatement fait prévenir les autorités militaires?

— Pas si bête ! D'ailleurs c'eût été une lâcheté. On ne dénonce pas un proscrit, même pour le faire nommer sous-préfet. Et puis je me suis rappelé ce qui m'était arrivé personnellement avec Abd-el-Kader.

— Vas-y de ton récit.

Et l'amiral, pendant que le commandant préludait par deux ou trois mouchades formidables, se mit à faire rentrer silencieusement dans les rangs les osanores rebelles.

※

— C'était, commença Laripète, en 1844, j'étais sous-lieutenant et j'avais une maîtresse nommée Fatma.

— Gazez, je vous prie, dit Olympe d'un air pincé.

— Ne vas-tu pas être maintenant jalouse d'une personne qui a dans les environs de soixante ans? Ce que j'en dis, c'est pour préciser. Elle avait une des plus belles croupes que j'aie vues. Mais ça ne fait rien à l'histoire. A cet instant du siècle, Abd-el-Kader fit exactement ce que fait aujourd'hui Bou-Amena. Il quitta son armée, en prétextant un besoin religieux, et disparut pendant plusieurs mois. On n'en continuait pas moins à le poursuivre dans le Sahara pour exercer les troupes et remplir les journaux.

Un soir, — je m'en souviens comme si c'était d'hier, — je venais de dîner avec mon conscrit à Saint-Cyr, Guignepet, aujourd'hui général, mais qui tenait alors, comme moi, la garnison de Paris, chez l'intendant militaire Colin-Tampon lequel avait une des meilleures tables de la capitale. Si je me le rappelle ! Il était même furieux, ce soir-là, l'intendant militaire Colin-Tampon, parce qu'il se croyait en défaveur. Ayant laissé un tout petit corps d'armée sans pain et sans rations pendant trois jours seulement, il avait été mandé pour cette vétille au ministère de la guerre. Le ministre d'alors, le général marquis Troisvent de Saint-Pétulant, qui ne plaisantait pas avec la vie du soldat, lui avait pris familièrement le bout de l'oreille en lui disant avec sa rude bonhomie : « Eh ! eh ! petit espiègle ! paraîtrait que nous avons encore fait mourir par négligence quelques douzaines de fantassins ? Pour votre pénitence, mon mignon, vous serez commandeur en janvier seulement au lieu de l'être en juillet, et vos frais de bureaux seront réduits de cinquante francs. » Ce pauvre Colin-Tampon était démonté par cette sévérité inusitée. Mais ce n'était qu'une feinte. Le général marquis Troisvent de Saint-Pétulant, qui était, au fond, un excellent zig, ne lui tint pas rigueur. Avec une délicatesse rare, même chez un troupier, il profita d'une autre bourde que fit Colin-Tampon en laissant, moins d'un mois après, des conscrits tout nus pendant quinze jours de gelée, pour lui donner la croix de commandeur avant le temps et une augmentation de frais de bureaux, le tout pour lui montrer qu'il ne lui gardait aucune rancune.

— Comme les traditions se conservent ! observa sentencieusement Le Kelpudubec.

Laripète continua :

— Je ne vous cacherai pas qu'après ce dîner copieux, Guignepet et moi avions la tête au vent. Nous avions bu d'un château-margaux ! Aussi, notre premier soin, le dessert achevé, fut, en jeunes gens bien élevés, de fuir la bonne compagnie pour aller courir le guilledou. Le quartier Latin était, en ce temps-là, autrement gai qu'aujourd'hui. Un mylord nous descendit à la porte d'un débit de prunes tenu par quatre demoiselles d'une excessive beauté.

— Vous êtes insupportable, Onésime !

— Tu es folle, Olympe ! Ces quatre demoiselles ont, à elles toutes, environ deux cent quarante ans aujourd'hui ! La petite salle enfumée était pleine. On riait, on chantait, on prenait ce qu'on trouvait sous sa main. Je dis encore ça pour préciser. C'était charmant. Seul, un homme au profil régulier, au teint éburnéen, à la barbe noire, mangeait silencieusement un sorbet, au coin d'un canapé, avec deux belles filles sur les genoux. — « Pas d'alcool et plusieurs maîtresses ! pensai-je immédiatement. C'est certainement un Oriental. » Un éclair me traversa l'esprit. La photographie n'existait pas alors, mais j'avais dans ma poche un journal militaire donnant le signalement d'Abd-el-Kader. Je fis une petite absence pour aller le relire en me recueillant. — Quand je rentrai, je ne doutais plus ; rien n'y manquait : nez aquilin, bouche moyenne, menton ordinaire, barbe noire : signe particulier : ne boit pas de vin ; physionomie africaine !... C'était lui tout craché. J'avais maintenant le secret de l'absence d'Abd-el-Kader ! Pendant que ses imbéciles d'affiliés et les jobards du journalisme continental le croyaient en dévotions cachées à La Mecque, le fils du désert, le prophète était venu se payer sournoisement une petite noce à Paris, sur la rive gauche de la Seine ! — « Si je pouvais le prendre ! » Tels furent ma première pensée et le premier cri intérieur de mon patriotisme surexcité.

Mon plan fut bientôt fait : éloigner avant tout Guignepet, avec qui je n'entendais nullement partager les honneurs de cette prise. Puis me lier avec cet ennemi sans méfiance et l'attirer dans un traquenard. C'était noble ! c'était grand !

Je fis faire trois ou quatre fois le tour aux aiguilles de ma montre et je fis croire à ce naïf Guignepet qu'il était près de cinq heures du matin. Comme il était de semaine, il se sauva comme un rat empoisonné.

J'étais maître du terrain.

Une heure après, j'avais entamé une conversation pleine de charme avec Abd-el-Kader. Ces

hommes de génie sont parfois d'une innocence !
Il n'avait même pas essayé de me dissimuler son
origine africaine ! Il m'avait simplement dit qu'il
s'appelait Sidi-Ben-Ali-Boron et vendait paisible-
ment des pantoufles dans la rue de Rivoli. Je ne
le quittai que quand il m'eut promis de venir
dîner le lendemain avec moi au *Bœuf-à-la-Mode,*
qui était le restaurant le plus cossu en ce temps-
là.

J'avais choisi un cabinet étroit et où la lutte
était impossible. Sans rien confier à personne, j'a-
vais recommandé de n'apporter que des couteaux
ronds, pour éviter le danger d'un combat. Mon
hôte fut fidèle au rendez-vous. Je le priai de
commander lui-même son dîner. Ce fut une mauvaise idée que j'eus là. Cet animal de musul-
man demanda des plats extraordinaires dont
on fut obligé d'aller chercher les éléments au Jardin des Plantes. Malgré ma bonne volonté, je me
vis forcé de lui refuser un filet de lion et de lui
offrir à la place du saucisson de même provenance. Il mangea beaucoup et prit des glaces
entre chaque plat. — Quelle addition ! pensai-je,

mais aussi quelle gloire ! — Pour ne pas l'humilier, je bus de l'eau comme lui, une espèce d'eau minérale qu'il avait envoyé chercher chez le pharmacien voisin. J'en bus même extraordinairement, les choses qu'il me faisait manger étant odieusement épicées. Cette eau avait-elle un mystérieux pouvoir, ou le pharmacien s'était-il trompé ? Toujours est-il que mes projets de conquête furent bientôt contrariés par une infernale colique. Au moment même où je projetais de me jeter sur mon prisonnier en lui criant : Rends-toi ou tu es mort ! une telle fusée me laboura les entrailles que je dus me sauver en criant tout autre chose...

Quand je revins, le faux Sidi-Ben-Ali-Boron avait disparu, en me chipant mon paletot où était mon portefeuille ! Le garçon m'emmena avec beaucoup d'égards au poste, pour m'y expliquer au sujet d'une addition de cent treize francs qu'il m'était impossible de solder, et j'eus quinze jours d'arrêts pour n'être pas rentré à temps à l'École-Militaire où était mon régiment.

Huit jours après on pouvait lire dans toutes les feuilles, qu'Abd-el-Kader avait repris les hostilités. C'est avec mes fonds que le misérable avait levé une nouvelle armée ! J'ai de la mémoire, je sais ce qu'il en cuit, et voilà pourquoi, à la fête de Saint-Cloud, j'ai fait semblant de ne pas seulement reconnaître Bou-Amena.

IV

LE VIN DE LA LUNE

— Joli vin ! dit l'amiral Le Kelpudubec, en faisant voluptueusement claquer sa langue sur son palais.

La commandante se pinça les lèvres pour ne pas rire, tandis que le commandant, lui, roulait de gros yeux en jurant dans sa moustache grise.

— Vin original ! continua le loup de mer. Il me rappelle, par la saveur, celui d'une île de l'Océanie où les raisins ne sont pas brutalement écrasés dans la tonne par les pieds crasseux des vignerons, mais pressés délicatement dans des bassins par de belles femmes qui en expriment le jus en s'asseyant dessus.

La commandante fut obligée de mettre son mouchoir devant sa bouche.

— C'est probablement la qualité du verre des bouteilles qui fait ça, interrompit sentencieusement Laripète. La nature du contenant a une influence évidente sur le goût du contenu. Exemple : les vins d'Espagne qui puent la peau de bouc et ceux d'Italie qui infectent la peau de bélier.

— Absolument exact, dit Le Kelpudubec. J'ai été autrefois dans une tribu d'anthropophages où le grand luxe consistait à conserver le jus de la treille dans la peau de son ennemi. Un jour, le chef m'en offrit un verre qui provenait de la dépouille d'un ancien huissier de Châteauroux qui avait voulu se faire proclamer roi à sa place. Je n'ai jamais rien bu de si mauvais. Ça sentait le renfermé comme dans une étude et c'était âcre à renverser.

— Ce qui est plus étonnant encore, continua Laripète, c'est que le caractère lui-même de la personne qui boit est modifié par la nature du vase dont il provient. L'Espagnol n'est-il pas fier et agile comme le mâle de la chèvre ? L'Italien terrible, sous son air doucereux, comme celui de la brebis ? J'ai toujours pensé que la légèreté proverbiale et la mobilité d'humeur du peuple français provenaient surtout de ce qu'il conserve son vin dans des bouteilles.

Et comme il a l'éclat du verre,
Il en a la fragilité !

— Très finement observé, ma foi ! Je me souviens, en effet, qu'après avoir trinqué avec le cannibale, la main me démangeait de faire des protêts et de lui saisir ses meubles.

— Quand on dit d'un homme : C'est une cruche ! on entend dire simplement que c'est un grossier personnage habitué à se servir de quelque broc de terre commune.

— Eh bien : conclut Le Kelpudubec, je ne sais pas où l'on a mis ton sacré vin, mais il m'inspire les idées les plus riantes du monde !

Et l'amiral tendit son verre à la commandante, qui le remplit en conservant assez mal son sérieux.

— Et d'où le fais-tu venir ? poursuivit Le Kelpudubec, qui avait toutes les curiosités bavardes d'un vieux gourmand.

— Mais tout simplement de ma terre de Bellefessière, dont les vignobles sont considérables. C'est un petit vin de famille que nous faisons nous-mêmes.

— Hein ?... C'est toi qui le foules ?

— Quelquefois pour encourager mes paysans et leur montrer qu'il n'est pas de besogne qui soit au-dessous du courage d'un homme de cœur.

— Voilà qui chasse mes aimables visions. C'est un peu bourgeois ce que tu me racontes là.

— Je réponds à tes questions.

— C'est moi qui suis un sot de vouloir toujours analyser mes plaisirs. Scientifique occupation, mais meurtrière aux illusions qui sont le grand charme de la vie. Buvons sans penser ! — C'est la devise des sages. Un verre encore de cette ambroisie, commandante. Quelle douceur et quel feu ! Certainement une comète a présidé à la confection de ce nectar.

— Vous avez deviné, amiral, dit enfin la commandante, en servant Le Kelpudubec; et la plus grosse de toutes les comètes !

— Laquelle donc ?

— La lune !

Et Mme Laripète s'esclaffa au nez de ses deux compagnons de table de la plus indécente façon.

— Me direz-vous, madame, demanda sévèrement le commandant à sa moitié, dès que celle-ci fut en état de lui répondre, le motif de vos ridicules hilarités, chaque fois qu'on apporte de ce vin sur la table, hilarités que votre servante Toinon et M. Jacques, quand il est là, se permettent quelquefois de partager et qui sont on ne peut plus gênantes pour un maître de maison.

— Un petit secret de ménage, Onésime.

— Eh bien, madame, une bonne fois pour toutes, en présence de l'amiral, notre plus ancien ami, je vous somme de me dire ce secret.

— Je joins respectueusement mes instances à celles de Laripète, ajouta Le Kelpudubec, visiblement inquiet.

— Vous le voulez ? Eh bien, tant pis pour vous ; je commence et j'irai jusqu'au bout. Vous souvient-il, commandant, de l'absence que vous fîtes, il y a deux ans, un mois environ après les vendanges ?

— Parfaitement. Le ministre de la guerre m'avait écrit qu'il songeait à me faire sortir du cadre de réserve pour me confier une mission importante. Je vous laissai seule à Bellefessière, avec cet excellent Jacques, toutefois, qui voulut bien rester pour vous tenir compagnie. J'aurais aussi bien fait de ne pas me déranger. Quand j'arrivai à Paris, le ministre de la guerre avait changé d'avis ; il me reçut comme un chien dans un jeu de quilles et me traita, à fort peu près, d'intrigant. Je ne lui demandai pas le reste de son vocabulaire et je repris avec dignité le chemin de mes propriétés, répétant avec le poète : *O rus, quando te aspiciam ?*

— Je vois, dit la commandante, que vous vous souvenez.

Et Mme Laripète continua ainsi :

— Le vin en question était dans un petit fût, provenant de la meilleure partie de nos vignes qui ne suffisaient pas à en remplir un grand. On l'avait placé dans le coin d'honneur de la cave, assez haut sur des pierres pour le garantir de l'humidité, ce tonneau fort commode n'étant pas précisément neuf et ayant besoin de grands ménagements.

— A qui le dites-vous, Olympe ? interrompit

Laripète. C'est moi-même qui avais pris toutes ces précautions d'accord avec mon vieux camarade Gibelot qui, en sa qualité de commandant du génie, est ferré sur toutes ces choses-là. J'avais, en effet, une terreur bleue que ce maudit fût se défonçât par un des bouts. Gibelot, qui a de l'expérience, me rassurait.

— Votre Gibelot est un imbécile. Je poursuis ; Jacques et moi achevions de dîner, quand l'idée nous vint de boire un verre du vin nouveau.

Le Kelpudubec se mit à fredonner d'un air malin :

> Un pichet de vin doux
> Rend la tête
> Guillerette.
> Un pichet de vin doux
> Rend les sages fous !

— Charmant, amiral! poursuivit Mme Laripète. J'envoyai donc Toinon à la cave avec un foret, un maillet, une cheville de bois, un broc et la mission de tirer de quoi le remplir au fût que vous savez. Toinon partit gaiement, sa chandelle d'une main et les outils susnommés de l'autre. Une demi-heure après, elle n'était pas encore revenue.

— La mâtine tétait au tonneau, sans doute ?

— Vous n'y êtes pas. Impatientée, j'envoyai Jacques s'assurer qu'elle n'avait pas fait une chute fâcheuse dans l'escalier. Jacques emporta la lampe : une demi-heure après il n'était pas revenu non plus.

—Tè ! le farceur !

— Exaspérée, j'allumai un candélabre et je me dirigeai moi-même vers la cave, où m'attendait un spectacle bien imprévu.

Aux lueurs de la chandelle, de la lampe et du candélabre, tous trois posés à terre, j'aperçus à l'un des bouts du tonneau, Toinon, le derrière appliqué et dans une immobilité douloureuse ; à l'autre, Jacques mettant gravement le fût en bouteilles.

— Que faites-vous là, malheureux ! m'écriai-je.

— Madame, de grâce, ne la dérangez pas, ou tout le vin est perdu ! s'écria fiévreusement Jacques.

Et, d'une voix encore émue, entrecoupée par le travail, il me conta dans quelle situation critique il avait trouvé Toinon en descendant. Au premier coup de maillet donné sur la tête du foret et contrairement aux assertions de votre animal de Gibelot, le tonneau s'était défoncé tout d'une pièce et le vin tout entier allait se répandre en large flot, quand la pauvre fille avait eu, pour le sauver, une inspiration de génie. Ayant vainement cherché autour d'elle et d'un œil rapide de quoi boucher le trou béant, elle s'était ensuite rapidement retournée et retroussée, faisant de l'épaisse chute de ses reins à nu une bonde naturelle et vivante, au fût si cruellement endommagé. Il paraît que la fermeture était hermétique, car pas une goutte ne coulait. Seulement elle était horriblement fatiguée de cette posture, et Jacques se hâtait à vider le fût de l'autre côté pour lui permettre de la quitter.

Mais ce fut bien une autre affaire quand l'opération de Jacques fut terminée ! Dans l'impétuosité de son zèle, Toinon avait si fortement engagé le plus gras de sa personne dans les cercles du tonneau qu'il était impossible de l'en faire sortir. Elle traînait après elle une crinoline lourde et cylindrique de planches dont nous eûmes toutes les peines du monde à la délivrer.

Ici la commandante arrêta son récit.

Au même moment Toinon entrait pour servir le dessert. C'était une robuste et appétissante fille aux fraîcheurs de paysanne, aux joues roses et rebondies. L'amiral Le Kelpudubec lui fit des yeux en coulisse, et passant voluptueusement sa langue sous sa moustache grise :

— Commandante, fit-il en tendant son verre, encore un peu de vin de la lune !

V

LA TROMPETTE DE JÉRICHO

Vous ai-je seulement conté jamais comment notre ami Laripète avait conquis son grade de lieutenant sur le champ de bataille? — Non! Eh bien! je ne suis pas fâché de le faire. Voilà assez longtemps que vous riez de ce bonhomme sans vous douter de ce qu'il a valu. Je n'aime pas, moi, qu'on blague les vieilles culottes de peau. Je fais plus de cas de ce qu'il y a eu dedans que de ce que vous abritez sous les coiffes de vos chapeaux, messieurs de la Bourse et de la Gomme. On a bien le droit, que diable, d'être une vieille bourrique quand on a été un jeune héros! Oui, messeigneurs de la Prime dont dix et des courses d'Auteuil, j'ai plus de respect pour le derrière de Laripète que pour toute votre personne.

Et j'ai mes raisons pour ça.

Avez-vous, sous le soleil brûlant d'Afrique,

versé, tour à tour, pour ce que vous croyiez la
Patrie, votre sœur et votre sang ? Avez-vous marché dans le sable chaud des journées entières,
crevant la soif et poursuivant de blancs burnous
d'Arabes fugitifs comme des nuages sur l'horizon
de cuivre ? Avez-vous vu la mort face à face avec
le désert béant pour tombeau ? — Non, n'est-ce
pas ? Alors, nobles voyageurs pour Bougival et
Chatou, fichez-moi la paix. Car Laripète a fait
tout cela.

Car on se battait déjà sur cette France d'outremer dont le sol est fait des ossements de nos soldats. Laripète était sorti de Saint-Cyr depuis
quatre mois et déjà il faisait campagne. Son génie
n'égalant pas son courage, — en quoi il était tout
ensemble inférieur et supérieur à Napoléon, —
il advint qu'un jour, dans une reconnaissance
lointaine, il s'en alla fort maladroitement butter,
avec fort peu d'hommes, contre un gros de Bédouins campés au pied d'une colline. Sans une
inspiration soudaine, il était visiblement perdu.
Ne laissant ni aux siens ni à l'ennemi le temps de
se dénombrer :

— Sonnez, clairons ! cria-t-il à tue-tête, la
smala est prise !

Et, s'élançant, à la tête de ses braves, à l'assaut des tentes arabes, il les enleva comme des plumes d'autruche (pour rester dans la couleur locale), les Africains surpris ne songeant pas même à les défendre et fuyant comme ceux de M. Horace Vernet.

Ce fait fut mis à l'ordre du jour de l'armée, et Laripète, gagnant deux ans pour le moins, fut nommé lieutenant.

Eh bien, mes petits vide-goussets, en avez-vous jamais fait autant?

De ce souvenir glorieux, il était resté à Laripète une habitude.

Toutes les fois qu'il réussissait dans quelque entreprise qui lui avait donné grand mal, il ne manquait jamais de pousser, à l'heure du succès, le cri de triomphe :

— Sonnez, clairons! la smala est prise!

Je vous prie de croire que ce cri agaçait furieusement l'envieux Le Kelpudubec, quand c'était après lui avoir gagné une partie de trictrac que l'exhalait l'honnête commandant. Il ne plaçait pas d'ailleurs toujours aussi congrûment cette apostrophe à la gloire et à la postérité. On se rappelle encore, dans le passage de l'Opéra, avec quelle surprise on l'entendit rugir un soir, après un éclat de tonnerre, d'une des cabines du Buen-Retiro où se réfugient les digestions hâtives. Tous les boutiquiers d'alentour se mirent, effarés, sur leur seuil, s'imaginant que quelque révolution avait éclaté. C'est au milieu de cette rumeur que Laripète sortit de l'antre de la délivrance, digne et noble, portant au front l'auréole du devoir accompli.

Je ne cite cet épisode que pour mémoire.

Tous les grands hommes ont eu ainsi leur dicton favori. Comme le pauvre Laripète avait rarement de chance, le sien ne voyait le jour qu'à de bien rares intervalles et ce n'était pas souvent que d'imaginaires clairons lui sonnaient l'héroïque légende d'autrefois.

Franchissons, d'un bond, un intervalle d'une trentaine d'années, ce qui est infiniment moins malaisé à un narrateur que de franchir les trapèzes de Léotard. L'ex-commandant a cinquante-cinq ans aujourd'hui et je n'ai pas à vous rappeler ses mésaventures conjugales. — Ça vous fait rire, tas de sans-cœur ? — Ça prouve tout simplement que Vénus est infidèle aujourd'hui à Mars lui-même. Quant à vous, messieurs les vidames de Vulcain, la chose est faite depuis l'origine des siècles. Homère vous a signalés comme des cocus contemporains du monde. D'ailleurs, tout cela est oublié aujourd'hui dans le ménage Laripète. Le vieux héros a pardonné et la perfide Olympe n'a plus sous sa blanche main les fraîches promotions de Saint-Cyr en train de s'égrener dans les régiments. Sagesse lui est venue par force, comme il arrive le plus souvent aux femmes dont on vante la vertu. Ce couple exemplaire n'en a pas moins ses petits renouveaux légitimes et, au moment où commence cette histoire, l'ex-commandant part avec l'ex-commandante à qui il a promis un dîner fin dans un restaurant à la mode. Ils sont montés en fiacre comme deux amoureux, et Mlle Léonie Bridouille, camériste de madame, est demeurée seule en attendant le retour de sa maîtresse.

Seule est une expression aussi prétentieuse qu'inexacte.

Un coup de sifflet par la fenêtre et le beau trompette Jéricho, du troisième chasseurs, ne s'est pas fait attendre.

Un bel homme ce Jéricho, et qui vous avait déjà fait un salmis de malheureuses dans le quartier !

Eux aussi vont faire un dîner fin dans la cuisine. Mlle Léonie n'a pas sa pareille pour le miroton.

— Si madame rentrait, tout de même ! Nous avons eu un fier toupet de venir prendre le café dans sa chambre à coucher.

Ainsi parla la prudente Léonie au bouillant Jéricho, qui lui répondit :

— Que voulez-vous, ma chère ! j'aime le luxe, et pour rien au monde vous ne me feriez prendre mon café dans un office, ni même dans un cabinet de toilette. D'ailleurs, il fait bien meilleur ici...

— Ah ! mon Dieu !

Monsieur et madame effectuaient à l'improviste leur rentrée. Comment faire sortir Jéricho ? Ah ! ma foi, Léonie perdit la tête et cacha l'audacieux trompette derrière les rideaux du lit de ses patrons. Après quoi elle s'empressa auprès de sa maîtresse, l'aidant à retirer sa lourde fourrure pendant que le commandant, moelleusement assis sur un crapaud, contemplait sa femme avec des yeux pleins de gourmandise.

— Maintenant vous pouvez aller vous coucher, mon enfant, dit Olympe.

— Pauvre Jéricho ! quelle nuit il va passer, debout derrière ces damas ! pensa Léonie.

Et elle sortit, ayant tout à la fois envie de pleurer et de rire.

Ne tremble pas, Muse chaste des conjugales joies et des maritales délices ! Je ne révélerai pas tes ivresses notariées et tes petites débauches officielles ! Voici d'ailleurs tout ce qu'entendit, un instant après, Jéricho de sa retraite obscure, — car l'ombre s'était faite dans la chambre :

— Onésime, êtes-vous fou ?

— Grand enfant que vous êtes !

Puis plus rien.

Puis un formidable .

— Sonnez, clairons ! la smala est prise !

Qui disait donc que la discipline militaire est aujourd'hui un vain mot ?

A cet ordre de son supérieur, Jéricho se sentit possédé par tous les démons de l'obéissance militaire. Instinctivement, malgré lui, mû par l'invincible besoin du devoir, il porta vivement son instrument de cuivre à ses lèvres et poussa un terrible :

Tara ta ta ! Tara ta ta ! Tarata ! Tarata ; qui fit bondir toute la maison.

— Au feu ! les pompiers ! s'écria-t-on dans l'escalier.

Ce fut un remue-ménage abominable. Le pauvre Laripète avait sauté sur des allumettes pendant qu'Olympe se trouvait mal de frayeur et que Jéricho, profitant du tumulte, disparaissait et se sauvait au quartier.

Jamais on ne sut le fin mot de l'affaire, si ce n'est Mlle Léonie Bridouille qui se garda bien de le donner à ses patrons.

Mais à présent je vous prie de croire que quand le malheureux commandant veut prendre une smala chez lui....

Muse chaste des conjugales joies et des maritatales délices, j'ai juré de ne pas trahir tes secrets !

VI

L'ÉCOLE DES GRANDEURS

— Ah! nom de nom! Ce n'est pas sous mon règne et dans mes États que les choses se seraient passées ainsi! s'écria tout à coup Laripète, en jetant violemment à terre le journal qui venait de lui donner des nouvelles de la Tunisie.

Le Kelpudubec haussa les épaules.

— Sais-tu que tu es fort embêtant, fit-il à son ami, avec l'éternelle histoire de ta royauté? Parce que, durant une de tes missions exotiques, le hasard te fit le souverain d'une horde de sauvages...

— Le hasard, amiral! Des sauvages! Mon génie, monsieur le marin, et sachez que les gens dont vous parlez, — soit un million d'hommes fort bien bâtis et de femmes fort avenantes, — sont beaucoup plus intelligents et plus civilisés que nous. Car ils ont trouvé l'infaillible moyen d'avoir un gouvernement qui ne fasse jamais de sottises.

— Ils l'ont, morbleu ! bien prouvé en te mettant à leur tête !

— Je m'y suis bien mis moi-même.

— En faisant un coup d'État ?

— Non. En faisant cocu un simple marchand des quatre saisons.

— Comprends pas.

— Voilà ce que c'est que de parler de peuples dont on ignore les mœurs et les coutumes. Si tu avais écouté avec moins d'impatience les récits que j'ai mille fois commencés devant toi, tu ne t'abandonnerais pas aujourd'hui à cet étonnement ridicule.

— Merci de la leçon ! Je vais m'instruire une fois pour toutes. Donc tu avais aidé la femme de ce trop confiant maraîcher à tromper son mari ? Onésime, je te reconnais bien là. Voilà un point acquis. Que t'arriva-t-il après ?

— Je fus traduit, ainsi que ma complice, devant les tribunaux du pays.

— Comme en France, alors, tout simplement ?

— Oui, mais avec bien des différences.

— Narre, mon vieux, narre ! car je sens que tu en meurs d'envie.

Laripète, qui n'avait pas souvent la bonne aubaine de se faire ouïr sans protestations, ne se le fit pas dire deux fois.

— Je fus donc assigné, continua-t-il, à comparaître devant le prétoire. Très solennelles, les audiences là-bas ; mais une chose qui me surprit tout d'abord : tandis que ma bonne amie et moi étions mollement assis et en pleine liberté à la barre des accusés, les membres de la cour furent successivement amenés par les gendarmes qui ne leur retirèrent les menottes qu'une fois solidement enchaînés à leurs sièges. Un de ces gendarmes, lorsqu'un de ces graves magistrats faisait mine de s'endormir, suivant la mode française, lui administrait à travers une chaise de canne un joli petit coup de pied au cul. Grâce à cette précaution, ma cause fut écoutée avec une conscience extraordinaire et le code me fut appliqué avec une justesse et une précision au-dessus de tous les éloges. Je fus, ainsi que ma belle, condamné à mort.

— A mort !

— Péremptoirement. Là-bas, l'adultère est puni de la peine capitale. Il est vrai d'ajouter que, comme au Japon, les femmes ont eu le droit de faire d'innombrables expériences avant de choisir l'homme qui sera leur mari définitif, tandis qu'en France, elles les font généralement après l'hyménée, ce qui est infiniment moins logique. Cela permet là-bas au législateur de se fâcher sérieusement si une pièce aussi longtemps répétée ne marche pas bien, et de châtier vertement une infidélité que la satiété elle-même n'a su prévenir. Aussi est-il fort rare, au pays dont je parle, qu'une femme trompe son époux, sachant fort bien que c'est sa tête, à elle, et non, comme ici, sa tête, à lui, qu'elle joue à ce terrible jeu.

— Soit pour la femme ! mais pour l'amant, c'est un peu raide.

— C'est encore parfaitement logique. Les joies de l'amour sont décuplées, centuplées, grandies et multipliées à l'infini par l'immensité du danger. Quand on dit là-bas à la femme qu'on veut séduire qu'on est prêt à donner sa vie pour elle, ce n'est pas, comme chez nous, une phrase absolument dénuée de sens qu'on lui débite, un cliché qu'on lui glisse, mais un serment solennel et sacré qu'on lui fait !

— C'est égal, ça ne me tente pas.

— Ame sans poésie !

— Passons au chapitre II de ton histoire.

— A peine ma condamnation fut-elle prononcée que les menottes furent remises à mes juges qu'un piquet reconduisit dans la salle des délibérations. Moi-même, je fus emmené hors du prétoire, ainsi que ma complice, par la force armée qui nous déposa dans une voiture cellulaire partant pour une destination inconnue. L'idée d'être immédiatement exécuté, conjointement avec cette chère créature, me donna, je l'avoue, la chair de poule, et j'aurais bien voulu avoir là mon Sénèque pour lui lire tout haut, de façon à en profiter moi-même, quelque beau passage sur le mépris de la mort. Tout à coup, le fiacre funèbre s'arrêta. J'osai à peine passer ma tête par la portière, craignant d'apercevoir l'échafaud dressé et le fer assoiffé de mon sang. On nous fit descendre dans une cour qui me parut magnifique et qu'emplissait une clameur de fanfares triomphales.

On nous fit monter le long d'un escalier superbe et tout orné de fleurs. — Ah! pensai-je en moi-même, les gredins! Que de raffinements cruels pour me rattacher à la vie qu'ils me vont ravir!

Arrivés dans une salle somptueuse, ruisselante de lumières, on nous poussa à travers une foule respectueuse, jusqu'à un double trône qui en occupait le fond et rayonnait sous un double dais de velours rouge; on nous y fit asseoir à côté l'un de l'autre. On nous jeta un manteau de pourpre à crépines d'or sur les épaules, on nous posa une couronne d'or sur la tête, et un majestueux *God save the Queen!* retentit tant au dedans qu'au dehors, sous les lambris du palais et dans les rues pavoisées subitement. Un maître des cérémonies me présenta tous les hauts dignitaires de ma cour. Ils avaient tous la mine de franches vadrouilles, mais qu'importe! Roi! j'étais roi! comme Macbéth! Je savais mal la langue de mes sujets, mais il est certain qu'on venait de me proclamer roi. J'avais compté cent un coups de canon.

— O Kirikiki! (c'était le nom de ma bien-aimée)

m'écriai-je quand on nous eut tous deux laissés seuls dans une pièce qui me parut d'ailleurs soigneusement gardée, comme cela doit être de la chambre d'un souverain qui peut avoir à redouter les complots des envieux et des mécontents. Kirikiki ! mon amour ! ma chatte blanche ! Quelle surprise et quelle féerie ! Au lieu du billot un trône ! La splendeur au lieu de l'infamie ! La suprême récompense au lieu du châtiment ! Allons-nous nous en donner, ma petite loutre adorée ! Nous allons faire pendre ton gueux de mari et nous nous amuserons infiniment à le voir gigotter au bout de la ficelle !

Mais Kirikiki souriait tristement. — Hélas ! fit-elle, notre malheur n'est retardé que de quelques jours sans doute. Vous êtes roi, en effet, mon noble Onésime, mais pour que nous fussions graciés définitivement de la peine que nous avons encourue, il faudrait que vous puissez passer une année entière sur le trône sans faire une seule faute politique.

Et la douce fille m'expliqua le système administratif de sa curieuse patrie et comment le fonctionnariat y était compris d'une façon bien différente de la nôtre. Loin d'y constituer des honneurs, les emplois publics y étaient des punitions et les charges y étaient d'autant plus élevées que la peine était plus grave. C'est ainsi qu'étant le seul condamné à mort, pour l'instant, j'avais été immédiatement reconnu par la nation pour son chef légitime. La règle était d'ailleurs la même pour tous. Si, pendant un temps déterminé et proportionné à l'importance de sa fonction, le titulaire s'en acquittait sans y commettre aucune sottise, la grâce était au bout de cette épreuve. Sinon, la sentence précédemment prononcée contre lui recevait sa pleine exécution.

Je pus vérifier bientôt l'exactitude des détails que m'avait donnés Kirikiki. C'est ainsi qu'au conseil des ministres que je présidais le lendemain matin, je pus reconnaître que les membres de mon cabinet étaient de très adroits voleurs. Mon mouchoir et ma tabatière me furent, en effet, dérobés en un clin d'œil. Mais je dois avouer en même temps, qu'ayant tous les travaux forcés en perspective à la moindre faiblesse, ces hommes d'élite apportaient à la gestion des affaires de l'État un soin et une conscience dont nos ministres français ne sont pas coutumiers. Parmi les sottises qu'ils avaient principalement à éviter était la manie de faire à tout bout de champ des discours-programmes qui troublent la politique et n'avancent pas les affaires.

Le fonctionnement du Parlement était aussi très particulier. D'accord avec le système général, tous les députés étaient électivement choisis parmi les les scélérats libérés du pays. Mais à côté de chacun d'eux siégeait un représentant de ses mandants armé d'une excellente trique, et chaque fois qu'un de ces honorables votait contre son programme ou mentait à une de ses promesses, il recevait immédiatement une effroyable volée. Eh bien ! jamais je n'ai vu une Chambre plus appliquée que celle-là à ses travaux et faisant une meilleure besogne, en ce qu'elle obéissait vraiment aux vœux de la majorité de la nation.

Admirable effet de ce principe ! conclut Laripète. La peur est mère du génie. Je fis mon année de règne sans encombre, ayant agrandi mes États de plusieurs colonies. Kirikiki et moi fûmes solennellement graciés, ma place de souverain étant attendue par un autre condamné à mort qui avait fait, de nouveau, cocu le même marchand des quatre saisons, lequel s'était imprudemment remarié (car ces gens d'esprit ont depuis longtemps le divorce). Je fis des adieux touchants à ma bien-aimée et revins en France, où me rappelaient les ordres du gouvernement. J'y retrouvai des fonctionnaires impertinents, maladroits, sans conscience et irresponsables. Nous ne manquons pourtant pas de coquins que, conformément au système adopté là-bas, on pourrait faire activement travailler aux affaires de l'État et de l'administration !

— Il y en a déjà bien quelques-uns qui y travaillent, hasarda Le Kelpububec, toujours frondeur.

Il va sans dire que je laisse au commandant Laripète la responsabilité de ses opinions et de son idée. Moi, je ne m'occupe jamais de politique.

Simple fantaisie de chroniqueur, mes enfants.

VII

MÉCHANCETÉ PUNIE

Cette histoire n'est ni plus ni moins qu'un chapitre de la *Morale en actions*. Moi, je suis ainsi quand je m'y mets et je n'ai pas mon pareil pour flétrir, à l'occasion, le vice et récompenser la vertu. Cet amour du bien et cette horreur du mal me sont choses naturelles dont je n'entends pas tirer vanité, mais que je signale modestement à l'attention de ceux qui ont jusqu'ici méconnu la portée philosophique de mes récits. Or donc, apprenez comment tourna mal au profit de son auteur une des milles malices que ce damné Le Kelpudubec ne se lassait pas de faire à l'excellent Laripète.

Car ils ne sont morts ni l'un ni l'autre, l'ex-commandant et l'amiral retraité, et, si vous alliez seulement passer une heure à Bourg-les-Pipes, chef-lieu d'un des plus beaux cantons du Centre, tout le monde vous parlerait du ventre majestueux du premier et de la maigreur désespérante du second ; un *B* à côté d'un *I,* comme les a ingénieusement définis le maître d'école Flagellard à qui n'échappent aucune des finesses de l'alphabet. Las de l'existence parisienne, que les caprices de la commandante rendaient coûteuse à l'excès, c'est Laripète qui, le premier, avait déniché, dans ce coin de notre belle France, une propriété à son goût, riante d'aspect et d'un honorable rapport, une façon de château bourgeois qu'entourait un parc suffisamment boisé. Il n'y avait pas été plutôt installé que Le Kelpudubec, passé, par la solitude, à l'état platonique de bourreau sans victime, ne rêva plus que d'acheter la terre et la maison voisines. Son souffre-douleur ordinaire lui manquait. Ce Laripète idéal se donna toutes les peines du monde pour aider le marché à se conclure. Ce fut lui qui marchanda, discuta et avança les droits d'enregistrement de la vente. Au fond, lui-même s'ennuyait de ne plus être tourmenté, tant il est vrai qu'un peu d'égoïsme est au fond des abnégations en apparence les plus sublimes.

Et que font là nos deux compères, le rond et

le pointu, l'aimable et le grinchu? Ils pêchent et ils chassent. Seulement comme Laripète est infiniment plus adroit à ces deux exercices que Le Kelpudubec, les instincts de taquinerie ordinaires de ce dernier se sont compliqués d'une jalousie féroce et l'ont rendu capable des plus infâmes fumisteries. Vous allez en juger par un trait. Au moment où commence cette histoire, l'amiral avait consciencieusement mouillé toutes les cartouches de la ceinture du commandant, afin d'en rendre la poudre incombustible, le jour où celui-ci aurait la fantaisie de tirer quelques lapins.

Eh bien! mais, et la commandante?... Ah! la commandante ne s'amusait guère entre ces deux glorieux débris de nos armées de terre et de mer. C'est bien à son corps défendant qu'elle était venue enterrer dans un trou de province les restes d'une maturité aimable d'une opulente beauté. Les jours lui semblaient longs et les nuits plus longues encore dans ce paysage que ne traversaient guère les beaux sous-lieutenants de Saint-Cyr qui avaient fait la joie variée de sa vie antérieure. Les vacances vinrent, il est vrai, amenant dans le voisinage un jeune garçon qui pouvait, tout comme un autre, jouer les Fortunio autour de cette Jacqueline sans Clavaroche. C'était, en effet, un petit personnage assez niais, mais d'une figure supportable, que le baron Luc de la Minotière, lequel était en train d'achever son droit à Paris pour devenir ensuite un de ces grands hommes politiques locaux qui font l'orgueil de nos Assemblées. Il avait tout pour cela : beaucoup de suffisance et peu d'esprit. Comment ne pas réussir avec de tels dons ? La terre de ses parents confinait à la propriété du commandant, bordée de l'autre côté par le jardin de l'amiral. Les voisins ne se fréquentaient pas. Les La Minotière avaient de grandes prétentions à la naissance et ne frayaient pas volontiers avec d'anciens serviteurs d'un État qu'ils ne reconnaissaient que par politesse. Mais Luc n'avait pas, à l'endroit des bourgeoises et des parvenues, les préjugés du reste de sa famille et, plus d'une fois, les charmes grassouillets et les grâces potelées de Mme Laripète entrevus, par-dessus la haie et dans un encadrement purpurin de mûres, avaient fait rêver cet adolescent que le Pandecte et les Institutes n'avaient encore pourri qu'à moitié.

Entre gens qu'un même désir rapproche, les choses vont vite. Il est certain qu'on s'écrivit et probable qu'on se parla. Car il fut convenu qu'un beau soir, à la brune, M. le baron franchirait sans bruit la frêle clôture de feuillages et viendrait sournoisement passer une heure dans le boudoir de la sensible commandante. Seulement il fallait, ce soir-là, empêcher la quotidienne visite de l'insupportable Le Kelpudubec et éloigner d'une façon certaine le commandant. La première de ces précautions fut la plus aisée à prendre. La belle Olympe s'arrangea pour rencontrer l'ex-amiral dans l'après-midi, juste le temps de lui dire que M. Laripète ne dînait pas à la maison et qu'elle-même, un peu souffrante, se coucherait de bonne heure. Oh! la méchante bête que ce Le Kelpudubec! Croiriez-vous qu'il n'avala pas un seul mot de ce mensonge et se promit de veiller pour surprendre le secret de cette migraine? Non! Saint Thomas lui-même était un bon enfant à côté de cet animal-là. Vis-à-vis de son mari, la commandante imagina une ruse qui, ma foi, en valait bien une autre :

— Mon ami, lui dit-elle, ne vous êtes-vous pas aperçu qu'on entrait quelquefois la nuit dans le parc ?

— Auriez-vous peur maintenant des galants, madame Laripète ?

— Peur ? pas précisément. Mais les maraudeurs ne manquent pas dans ce pays. A votre place, pour les effrayer une bonne fois, je me promènerais ce soir, de neuf à dix heures, dans tous les sens autour de la maison, en tirant toutes les cinq minutes un coup de fusil. J'ai entendu dire que ces mauvais drôles redoutaient particulièrement les armes à feu.

Et la madrée commère pensait en elle-même :

— Comme cela, tant que nous entendrons la mousqueterie, nous serons certains que le commandant est dehors et pourrons même juger à fort peu près de la distance à laquelle il est. Le baron doit venir à huit heures trois quarts. Il sera aisé de retenir mon mari à la maison jusque-là et de ne le lâcher dans le parc qu'au bon moment.

Et comme il est un Dieu pour les femmes qui

trompent leurs époux comme pour les ivrognes, ce qui m'a quelquefois inspiré des doutes sur la moralité de l'institution de la providence, le programme de la belle Olympe s'exécuta de point en point, comme elle l'avait conçu, et le commandant sortit, son Lefaucheux sous le bras, juste dix minutes après que M. de la Minotière se fut blotti sous une fenêtre qui devait s'ouvrir pour lui.

Le jeune baron peignit sa flamme en termes vraiment fort congrus. — Pan !

La belle Olympe répondit à son aveu de la plus encourageante façon. — Pan !

Le jeune baron s'enhardit et brusqua les convenances. — Pan !

La belle Olympe laissa deviner qu'elle ne lui en savait pas mauvais gré. — Pan !

Cependant le jeune homme se sentit gêné par la fusillade et avoua que ce bruit troublait considérablement ses idées. — Pan !

La belle Olympe le rassura en lui contant d'où il venait. — Pan !

Alors le jeune homme se mit à rire comme un bossu. — Pan !

Et la belle Olympe, impatientée de cette hilarité déplacée, lui donna une bonne gifle. — Pan.

C'est ainsi que leur entretien se continua, sans que je vous en puisse dire davantage, régulièrement scandé par le feu d'une mousqueterie périodique et soutenue.

Il fallut se séparer cependant, mais ce ne fut pas sans avoir pris un autre rendez-vous. Il était temps. Un dernier coup retentit. — Pan !

— Saperjeu ! dit le commandant en entrant en même temps comme un tonnerre.

— Mon Dieu ! mon ami, qu'avez-vous ? lui demanda Mme Laripète pleine d'angoisses.

— Vous avez raison, Olympe ! En revenant tout à l'heure, j'ai fort distinctement vu un homme enjamber notre haie. Je l'ai mis en joue.

— Ah ! mon Dieu ! murmura Olympe affolée.

— Mon maudit fusil a encore raté.

— Il a cependant fait un assez joli vacarme ce soir.

— Vous dites ?

— J'ai été assourdie depuis une heure par vos détonations.

— Vous vous trompez, ma chère. Je ne sais pas ce qu'ont mes cartouches ; mais pas un coup n'est parti.

La commandante demeura dans une parfaite stupéfaction. Elle n'avait pas cependant rêvé.

Je suis sûr que vous avez deviné tout de suite, vous, tas de malins ?

Comme je vous l'ai dit, Le Kelpudubec s'était promis de faire bonne garde. Muni d'une lunette qu'il avait inventée et avec laquelle il prétendait voir distinctement, pendant la nuit, parce qu'elle était recouverte d'une peau de chat, il avait aperçu le jeune Luc de la Minotière traversant la clôture, puis se hissant à une fenêtre. Ah ! comme il aurait prévenu Laripète s'il ne l'avait pas cru absent ! Ne pouvant faire pincer les deux amants par le mari, il résolut, au moins, d'empoisonner leur mystérieuse entrevue en l'accompagnant d'une musique insupportable. Et c'était lui qui avait tiré des pétards dans son jardin, dans ce but scandaleusement méchant.

Comme ça lui avait bien réussi !

C'est avec ce bruit protecteur qu'il avait entretenu la sécurité dans ces âmes et facilité leurs réciproques épanchements.

Ainsi en advienne à tous les mauvais qui veulent empêcher le plaisir des braves gens!

VIII

L'ÉDUCATION DES FILLES (1)

— Et moi, dit avec sa rondeur ordinaire le commandant Laripète, je suis absolument de l'avis du Mithridate de Racine qui prétendait, je crois, que, pourvu qu'une femme sût distinguer un caleçon d'avec un bonnet de coton, il n'y avait pas à lui en demander davantage.

L'érudition du bon officier fit sourire Jacques, mais exaspéra la commandante.

— Vous voilà bien toujours, s'écria-t-elle, Onésime, avec vos théories abêtissantes et vos préjugés de soldatesque. La femme n'est pour vous qu'un instrument de plaisir et une institution économique. Elle sert vos passions et raccommode vos chaussettes. Elle unit pour vous, égoïstes que vous êtes, l'utile et l'agréable en demeurant dans son injuste infériorité. Mais cela n'est pas fait pour

(1) Imité très librement de Fénelon et de M. Legouvé.

durer, mon bonhomme ! L'ange du foyer a des ailes et prendra un de ces jours sa volée. La femme s'émancipe graduellement, grâce à quelques vaillantes révolutionnaires secondées en cela par quelques jobards appartenant à votre sexe...

— Je vous remercie, ma chère amie, de traiter de jobards ceux qui pensent autrement que moi...

— Le mot m'a échappé. D'ailleurs vous ne pouvez pas avoir tous les genres de bêtises et vous en possédez tant d'autres ! Oui, la femme s'émancipe et plus vite que vous ne le pensez. Aujourd'hui beaucoup de demoiselles fort bien et même très riches passent des examens difficiles devant des gens de Sorbonne qui ne concèdent rien à la galanterie. Au contraire ! ces vieux singes s'amusent à les embarrasser le plus qu'ils peuvent.

— Ils ont tort, dit Jacques. Moi, je m'y prendrais tout autrement.

— Vous, monsieur Moulinot, sous des apparences plus courtoises que celles de votre supérieur, vous cachez le même mépris de la femme, et je ne sais pas si votre façon de l'aimer n'est pas plus humiliante encore pour elle que sa façon à lui de la rabaisser systématiquement. Mais je poursuis ma thèse...

— En attendant que vous la passiez ?

— Certainement, monsieur, je travaille, m'inspirant en cela de l'exemple de la noble Amérique, où tous les grades des facultés sont ouverts indifféremment aux deux sexes.

— Fichue invention ! grommela l'amiral Le Kelpudubec, qui n'avait rien dit encore.

— Vous dites ?

— Fichue invention !

— Et pourquoi, s'il vous plaît ?

— Je vais vous raconter une petite histoire qui vous l'apprendra.

Et l'amiral, ayant définitivement rompu le silence, comme ces vieilles montres qui se mettent tout à coup à marcher quand on les agite, continua comme il suit, de sa voix claquante et chevrotante comme le bruit d'un ressort usé :

— C'était à mon dernier voyage en Amérique, lorsque le gouvernement me chargea d'une mission confidentielle, tellement confidentielle que moi-même j'en ignorai toujours le but. Il paraît cependant que je la remplis à la satisfaction du ministère, puisque je fus nommé commandant à mon retour. Toujours est-il qu'en arrivant à New-York, je venais de tenir un bon bout de temps la mer et débarquai dans les dispositions joyeuses d'un homme vert encore et qu'un long jeûne d'amour a violemment ragaillardi. J'étais d'un guilleret épouvantable, et toutes les femmes que j'aperçus sur le quai, puis sur les boulevards, puis dans les rues, me parurent absolument charmantes. Vous savez, commandante, qu'il y a de fort jolies Américaines?... Sveltes, blondes, pas votre genre du tout, mais délicieuses tout de même. Je me fis conduire à un hôtel grand, à peu près, comme le Palais-Royal, où l'on m'adjugea un appartement portant le numéro 712, autant qu'il m'en souvient. C'était positivement grandiose. Et quelle activité dans le service ! On ne voyait pas un domestique dans les couloirs et tous vos souhaits étaient accomplis avant même d'être formulés. Et quel confortable ! Lavabos, salle de bain, salle de billard. Tout cela dans mon appartement, sans parler du reste. Je me débarrassai à la hâte de mes vêtements de voyage pour me faire un peu joli, ayant de conquérantes intentions. J'allais sortir quand une lettre me fut remise par un garçon de la maison. Je lus :

« Une femme qui désire causer avec vous sera chez vous à neuf heures ce soir. Elle n'abusera pas de vos instants et vous demande un quart d'heure au plus. » Signé : « Arabelle. »

— Décidément, pensai-je, ce pays est expéditif en toutes choses. A peine arrivé, immédiatement remarqué et deux heures plus tard aimé ! Voilà qui me dispense de démarches toujours délicates dans une grande ville dont on ne connaît pas la cocoterie. Je ne sais de quel monde est ma correspondante inconnue, mais elle écrit à ravir et son orthographe irréprochable me fait penser qu'elle appartient à une classe dirigeante. Elle est évidemment de mœurs douteuses. Mais je ne pouvais pas espérer... Au fait, qu'y aurait-il d'étonnant à ce qu'une femme, jusque-là pure, aimant la France et apercevant un officier supérieur... ? Mais non ! mais non ! Le Kelpuduhec, tu te flattes. Tu as affaire à une drôlesse bien élevée. Voilà tout !

Et, sur ces réflexions consolantes, je me dirigeai vers un restaurant où je pris un fortifiant repas.

— Dix heures un quart ! et elle n'est pas là...

Que vante-t-on donc l'exactitude américaine ? Tant pis, je me couche, la lassitude de la traversée se fait sentir et je remets à demain mes projets amoureux.

M'étant ainsi parlé à moi-même, j'engloutis ma tête dans un bonnet de coton que j'avais trouvé sous mon traversin et je m'étendis sur un lit dont le sommier gémit doucement sous mon poids.

Je n'étais pas depuis dix minutes dans cette horizontale posture qu'un bruit de jupes, rapide et fait de frémissements de soie, se fit entendre dans mon couloir. J'avais désespéré trop tôt ! Ma porte s'ouvrit rapidement et une jeune femme d'une élégance souveraine pénétra, avec l'impétuosité d'un obus, dans mes lares étonnés. Je voulus me lever pour la recevoir, mais d'un geste bref elle me fit signe qu'elle préférait que je restasse couché.

— A son aise, pensai-je. J'aime autant ça.

— Monsieur, me dit-elle, je vous demande pardon d'arriver un peu plus tard que vous ne m'attendiez ; mais j'ai une si nombreuse clientèle !

Je trouvai que le son de sa voix était charmant, son accent adorable, mais que le goût de son propos était tout à fait douteux.

Alors, s'avançant à mon chevet :

— Votre main, monsieur, me fit-elle, en me tendant, avec la rondeur charmante des jeunes filles ayant adopté la mode anglaise, une délicieuse petite main gantée de suède clair.

Elle me serra doucement le poignet pendant un instant. Je pensai que c'était l'habitude à New-York, et trouvai même cela fort agréable. Après quoi elle déposa sur ma cheminée une boîte de cuir de Russie qui me parut être un nécessaire de toilette.

— Hein ! quelles précautions ! pensais-je et quelle exquise propreté !

Elle se rapprocha doucement de mon lit, et mon cœur battait, je l'avoue.

Après m'avoir offert quelques bonbons que je croquai docilement :

— Montrez-moi votre langue, cher monsieur, me dit-elle.

Je ne fis aucune difficulté de satisfaire à son caprice, tout en trouvant quelque chose de bien méticuleux dans cette inspection. Mais enfin ! Quand on a si peu de temps pour se connaître !...

— Il faudrait, me dit-elle ensuite, que vous commenciez par prendre un bain.

Ah! ceci, je l'avoue, je le trouvai tout naturel. Je pensai seulement que, pour peu que mon bain durât dix minutes, il ne me resterait guère le temps de causer. J'avais compté sans l'activité yankee. En cinq minutes ce fut fait, grâce au prodigieux confortable de l'hôtel, et, comme jadis Vénus, de la mer, je m'élançai de ma baignoire, rafraîchi, rajeuni, et admirant sincèrement ce raffinement de délicatesse dans les choses de l'amour.

— Recouchez-vous maintenant, me dit-elle.

J'obéis avec joie.

— La minute du berger! pensai-je.

Quelle ne fut pas ma surprise quand, après m'être retourné quelques instants comme doit le faire un homme bien élevé en pareille occurrence, je pris le parti de regarder un peu ce qui se passait! Ma nouvelle amie était en train d'emplir de ses mains charmantes un irrigateur qu'elle avait tiré sans bruit de son nécessaire.

— Pour vous! me dit-elle, avec un sourire charmant. Il est à une température adorable!

Pour le coup je m'insurgeai.

— Ah ça ! m'écriai-je, mademoiselle, est-ce que vous auriez aussi l'intention de me nettoyer le dedans ?

Elle me regarda avec un doux air de surprise plein de reproches muets.

En même temps, un grand bruit se fit dans mon couloir. Ma porte s'ouvrit avec fracas.

— Madame le docteur ! Madame le docteur ! vous vous êtes trompée d'étage. Le malade pour qui on vous a envoyé chercher est en train de mourir au-dessous !

— Ah ! mon Dieu, fit-elle, en regardant rapidement son calepin, c'est vrai !

Et, s'avançant furieuse vers moi :

— Animal ! me dit-elle, vous ne pouviez donc pas me prévenir ?

Un soufflet de sa jolie petite main gantée de suède clair accompagna cet adieu.

J'avais enfin compris. Cette femme que j'avais calomniée était un docteur en médecine de la Faculté de Sydney. Mais quelle nuit ! Vous savez bien les bonbons qu'elle m'avait fait croquer ? Un purgatif, un purgatif abominable. Ce fut un désastre.

Le lendemain j'appris que son client était mort d'une constipation soignée trop tard.

Le lendemain aussi, je reçus une lettre achevant de me tout expliquer. La voici :

« Monsieur l'amiral, étant Française et ne pouvant retourner dans mon pays, je voulais vous prier d'y ramener, à votre propre retour, ma fille, que son père, Américain de naissance, élève abominablement. J'avais pris la liberté de vous demander pour cela un rendez-vous auquel je n'ai pu me rendre, mon mari ayant veillé de près sur moi toute la soirée. Excusez-moi et plaignez-moi. Ma visite serait maintenant sans but. Pendant que mon mari veillait sur moi hier soir, ma fille s'est fait enlever par un chasseur de buffles.

» ARABELLE. »

— Voilà pourquoi, conclut Le Kelpudubec, les femmes-médecins me font horreur.

— Et à moi aussi, dit énergiquement Laripète qui avait consciencieusement dormi pendant cette véridique histoire.

IX

MANŒUVRES ÉLECTORALES

— Non, madame Laripète, vous n'obtiendrez pas de moi que je descende dans l'arène politique. C'est bien assez d'être revêtu, grâce à vous, d'une magistrature municipale qui me pèse horriblement. Quant à devenir législateur moi-même, c'est une autre affaire et vous me laisserez tranquille sur ce point. Où diable me trouvez-vous l'étoffe d'un député?

— Je ne sais pas où je vous la trouve, mais il en faut si peu qu'il est impossible que vous ne l'ayez pas quelque part.

— Ce n'est toujours pas sur la langue, car vous savez que je ne peux pas dire deux mots en public.

— Tant mieux, et plût au ciel que tous eussent votre timidité oratoire! Les séances ne se passant plus en discours, il s'y ferait peut-être quelque besogne.

— Vous semblez ignorer que toute bonne besogne doit être, auparavant, éclairée par une sage discussion.

— En théorie, oui ; mais où avez-vous vu qu'une discussion ait jamais éclairé quelque chose dans notre monde législatif? Faut-il que vous ayez la vue assez courte, mon bonhomme, pour ne vous être pas aperçu que tous ces braves gens arrivent en séance avec une opinion faite, et dont la logique la plus sûre, servie par la plus admirable éloquence, n'aura jamais raison? Ils sont déjà volontairement sourds. Je demande qu'ils se perfectionnent encore en devenant muets, et tout sera pour le mieux. Alors on pourra modifier la forme de l'enceinte parlementaire et la transformer en un immense café sur les tables duquel ces infirmes de choix déposeront des petits papiers à côté des consommations en faisant avec leurs doigts une pantomime agréable. Je vous assure que cela sera infiniment plus gai. Une statue de l'abbé de l'Épée présidera à ces silencieuses et expressives manifestations. Le *Journal officiel*, également rédigé par des personnes privées de la parole et de l'ouïe, par d'anciens députés par exemple, sera écrit dans la même langue

Ce sera un débouché excellent pour les pauvres diables envers qui la nature a été marâtre à ce point.

— Voilà des plaisanteries fort déplacées, madame Laripète, et qui ne sont pas faites pour me convertir à vos idées. D'ailleurs, ce n'est pas l'éloquence seule qui me manque pour remplir dignement le mandat de mes concitoyens. J'aurais encore besoin d'une opinion politique.

— Eh bien ! et les groupes, à quoi donc ça sert-il, s'il vous plaît ? On vous en choisira un, monsieur, un bon petit groupe où votre besogne vous sera présentée toute mâchée, et même quelquefois avalée.

— Soit! je ne suis pas dégoûté par tempérament.

— C'est pourtant bien simple d'apprendre du président de son groupe si l'on veut ou si l'on ne veut pas renverser le Ministère ; d'autant que, depuis quelques années, les Ministères prennent la peine de vous prévenir qu'ils ne se renverseront pas pour si peu de chose. Si la tradition s'affirme, ils finiront par réclamer, comme Mirabeau, des baïonnettes pour sortir.

— Ceci rentrerait plus dans ma spécialité d'ancien militaire.

— Voulez-vous vous taire, gros émeutier !

— Vous ne réfléchissez pas d'ailleurs, madame Laripète, que la campagne va être chaude et que les compétitions y seront nombreuses. Dans notre arrondissement, en particulier, les précautions prises par l'honorable M. Tryptolème pour assurer sa réélection ne vous ont certainement pas échappé. N'a-t-il pas promis à la municipalité de Bouzinville-les-Canettes une station de chemin de fer ?

— Vous pouvez leur promettre une tête de ligne à aussi peu de frais.

— Ne s'est-il pas engagé à faire passer un canal dans le jardin de la mairie ?

— C'est ça ! de l'eau dormante et croupie ! Annoncez-leur une rivière naturelle. Ça ne vous coûtera pas plus. Vous pouvez même ajouter une cascade sans vous ruiner davantage.

— Cela deviendrait de la mauvaise foi.

— Aussi ai-je voulu que vous n'ayez besoin de recourir à aucun de ces honteux subterfuges. Mon plan de campagne est tout autre et vous dispensera de cette sorte de mensonges déshonorants.

— Votre plan de campagne ?

— Certainement. J'étais bien sûre de vaincre toutes vos ridicules hésitations. Vous êtes, Onésime, un homme trop parfaitement médiocre pour ne pas arriver aux plus hautes destinées politiques. Ça vous est dû par la Nature, qui vous a si mal doué à tous les autres points de vue. Je ne vois pas faire une bêtise dans le gouvernement sans penser à vous tout de suite et sans me dire qu'on vous en a volé votre part.

— Vous êtes trop bonne, en vérité.

— Non, Onésime, je suis juste, tout au plus. Médiocre est encore un mot faible pour vous. Vous valez mieux que ça et peut-être obtiendrez-vous ce qui est destiné aux imbéciles parfaits. Mais je ne veux pas vous donner des prétentions démesurées et vous inspirer de malséantes ambitions. Présentez-vous d'abord aux élections prochaines. Ensuite vous tâcherez de vous faire distinguer et le temps fera le reste.

— Va donc pour le plan de campagne !

— Il est simple comme bonjour. Vous allez prendre une plume et écrire, tout à l'heure, à

Jacques : Mon cher Moulinot, vous obligerez infiniment ma femme en venant passer la période électorale auprès de nous.

— Et après ?

— Après ? Jacques viendra certainement et vous commencerez avec lui votre tournée.

— Je vous demande un peu à quoi il pourra me servir ? Un écervelé, un endiablé d'amourettes qui ne peut rester un instant auprès d'une femme sans se comporter avec la plus indigne légèreté !

— Précisément. Chez chaque électeur influent vous présenterez Jacques comme votre neveu ou votre ami, à votre choix. Vous sortirez avec le mari, sous prétexte de visiter ses cultures, ce qui charme toujours les paysans, et vous laisserez Jacques, pendant ce temps-là, chauffer votre candidature auprès de la femme.

— Votre projet est parfaitement immoral, madame Laripète. J'ajouterai qu'il est tout à fait ridicule, puisque ce ne sont point les femmes qui votent.

— Vraiment ! vous en êtes encore, comme Mlle Hubertine Auclert, à ne pas vous être aperçu que ce sont elles et elles seules ! Mon Dieu, elles ne vont pas déposer elles-mêmes leur bout de papier dans l'urne. Pas si bêtes que de prendre cette peine! Elles y envoient le domestique naturel que l'état civil leur a donné, ce bon benêt d'époux à qui elles font faire tout ce qu'elles veulent, surtout quand elles ont l'air de le contrarier. Car ne vous y trompez pas, Laripète, l'esprit de contradiction est chez l'homme le plus grand auxiliaire de la femme. Vous n'êtes pas intransigeant, vous! vous êtes trop borné pour ça. Eh bien, je vous ferais voter pour Rochefort demain, rien qu'en vous en défiant et en en faisant une question de dignité maritale.

— J'admets tout ce que vous voudrez. Le résultat de ma campagne est alors bien clair. C'est Jacques qui sera nommé et pas moi.

— Ah! vraiment! même si vous couvrez les murs d'une affiche contenant, pour toute profession de foi, ces simples mots :

« Mes chers concitoyens,

» Je ne vous parlerai ni de mon passé, qui est insignifiant, ni de mon présent, qui est indifférent, ni de mon avenir, qui est inconnu. Sachez seulement que si vous m'envoyez au Parlement, comme j'en ai le ferme espoir, après de si franches déclarations, mon ami Jacques Moulinot, dont vous avez pu apprécier l'esprit politique et les vastes connaissances sociales, restera au milieu de vous, pendant les longues sessions qui m'en sépareront, pour me tenir au courant de vos besoins. »

Si jamais on vous appelle renégat, après ça !

Tout à coup, Laripète, qui n'avait pas répondu un mot, éclata de rire.

— Qu'est-ce qui vous prend ? lui demanda l'ex-commandante impatientée.

— J'ai saisi, ma bonne, reprit-il, parfaitement saisi. Mais alors les gens que je représenterai à la Chambre seront tous...

— Seront tous dignes d'être représentés par vous, monsieur le député Laripète !

X

L'ÉCUSSON DES BRAQUE-TONNERRE

Si l'oisiveté est la mère de tous les vices, comme le dit un proverbe audacieusement lyrique, j'oserai dire qu'elle est aussi la tante de tous les ridicules, ce qui présente aussi une image heureuse et imprévue. Après la manie des cocotes et celle de l'agriculture en chambre, la manie des titres avait pris notre brave ami, l'ex-commandant Laripète. Ce n'est pas tant lui, d'ailleurs, le digne homme, que tourmentait cette nobiliaire souffrance que la commandante qui avait été toujours orgueilleuse comme un paon.

Celle-ci se mit soudain à se plaindre de la société des petits bourgeois et à trouver que ce nom de *Laripète* tout seul sonnait mal dans le monde. Son mari, qui était aussi consciencieux que complaisant, en ce temps-là comme aujourd'hui, se mit à chercher, le plus honnêtement de la terre, dans ses papiers de famille, si, parmi ses propres ancêtres, il ne possédait pas quelque aïeul ayant conquis aux Croisades un glorieux surcroît de désignation qu'un autre aïeul, moins brave, aurait déposé piteusement au vestiaire de la Révolution, pour n'être pas guillotiné comme ci-devant. Il se fit aider dans ce travail par un savant homme, le sieur Poireau d'Attemar, qui, moyennant quelques milliers de francs, lui fit, sur parchemin, le portrait d'une forêt dont tous les arbres avaient pour fruits des membres de la famille Laripète ou des familles alliées.

Mais tout ce qu'il put découvrir, ce fut une série de grands-pères possédant des sobriquets dont aucun n'était séparé du vocable principal par la bienheureuse particule. C'est ainsi qu'il mit la main sur une série de Laripète-Haudière, de Laripète-Dru, de Laripète-Seck, sans compter ceux dont le nom présentait une figure déplaisante aux personnes méticuleuses et bien élevées.

Tout cela n'étant pas de nature à satisfaire la commandante, le doux Laripète résolut, après s'être frappé le front, de prendre le taureau par les cornes (ce n'est plus de son front que je parle, mais bien du garde des sceaux, lequel est aussi comme vous le savez, le dépositaire de cette forme de la sottise humaine et qu'il alla bravement trouver pour lui confier son désir). Ce ministre, qui venait d'être nommé et allait être dégommé à la séance suivante du Parlement, lui avoua qu'il n'entendait rien à cette partie de son service.

— Le plus simple, monsieur, lui dit celui-ci, serait vraisemblablement d'acheter un vieux fief seigneurial et de demander ensuite au gouvernement de la République, qui n'a rien à refuser aux citoyens, en temps d'élection, l'autorisation d'ajouter son nom au vôtre, à moins que vous ne soyez né dans quelque endroit se prêtant à une combinaison analogue, ce serait plus économique. C'est ainsi que je m'appelle Loyseau de Lavillette.

— Impossible, monsieur le ministre, répondit Laripète, j'ai vu le jour à Pantin.

— Achetez donc, conclut le chef de la magistrature française.

Et Laripète, poussé aux reins par l'impitoyable Olympe, son épouse, commença à chercher le fief seigneurial demandé. Après six mois de voyages coûteux à travers sa belle patrie, il découvrit enfin, dans la Garonne-Inférieure, un nouveau département que le gouvernement venait de tailler dans un autre, pour rendre au pays le compte de départements qu'il avait sous l'Empire, une commune nommée Afrique-sur-Potin, possédant un vieux château qui avait jadis appartenu à une ancienne famille dont la descendance était épuisée depuis deux siècles. La race des Braque-Tonnerre n'était pas toutefois oubliée dans le pays qu'elle avait rempli d'horreurs au temps de la guerre des Albigeois, puis au temps des Dragonnades.

A vrai dire, le manoir était prodigieusement délabré et parfaitement inhabitable, occupé qu'il était d'ailleurs uniquement, comme celui de la *Dame blanche* et celui des *Cloches de Corneville*, par un vieux bonhomme qui se nommait le père Antoine et passait pour un peu sorcier dans l'endroit, parce qu'il était sournois comme une taupe et méchant comme un blaireau. Institué gardien de cet immeuble en ruines par un jeune noceur habitant toute l'année Paris et à qui était échu ce domaine par héritage, le père Antoine avait pris l'habitude de s'y considérer comme étant chez lui et y jouait fort sérieusement au seigneur du village. Aussi l'arrivée d'un monsieur se présentant comme futur locataire de ses lares lui fut-elle prodigieusement désagréable et reçut-il Laripète à peu près comme un chien dans une partie de boules. Mais celui-ci n'y fit même pas attention, séduit qu'il était par l'aspect prodigieusement pittoresque de ce séjour. Ce qui le charma surtout, ce fut une vieille tour dominant fièrement le reste de l'édifice, et dont les créneaux largement ouverts dentelaient l'azur du ciel comme un feston de pierre.

— J'y viendrai sonner du cor tous les soirs, s'écria-t-il avec enthousiasme.

Et il télégraphia à la commandante, qui était en train de faire un bésigue... si vous voulez... avec l'ami Jacques quand elle reçut la dépêche.

— Laripète de Braque-Tonnerre ! s'écria-t-elle à son tour avec non moins d'enthousiasme.

Et, sans attendre, elle télégraphia à son mari :

— Conclus ! C'est parfait !

Et le docile Laripète conclut sur l'heure, au grand désespoir du père Antoine.

❄

Oh! le beau récit que lui fit le commandant et la belle description pleine de détails alléchants et féodaux ! — Au besoin, la cour d'honneur était assez grande pour y donner des tournois à la noblesse des environs. Et quelle société aristocratique dans tous les châteaux des environs ! les comtes de Laroche-Bouzin ! les ducs de Piton-sur-Dringue ! les marquis de Humevesse ! les vidames de Bitembois ! les barons de Chamoisy ! on allait se trouver enfin dans son vrai milieu !

— Ne puis-je donc avoir, avant d'y aller moi-même, une photographie de ma citadelle ? demanda l'impatiente Olympe.

— Si fait, bonne amie. Vous en aurez une avant huit jours,

Et son benoît époux envoya sur les lieux, moyennant des frais considérables, un des meilleurs élèves de M. Pierre Petit. Ce jeune homme, bien qu'il ne fût encore qu'officier d'académie, maniait déjà le collodion d'une façon tout à fait distinguée.

Quand il se présenta à la porte du castel pour

faire connaître au concierge ses intentions, le père Antoine lui fit une grimace de tous les diables.

— Vous n'entrerez pas, lui dit-il brutalement, et s'il vous plaît de prendre la vue extérieure de mon château, allez vous planter sur le monticule voisin.

Le pauvre jeune photographe dut se résigner et aller s'installer, en effet, sur une colline avoisinante.

Mais quand le père Antoine aperçut l'objectif en situation et dirigé sur les murailles du vieux manoir, sa colère ne connut plus de bornes.

— Ah! gredin, s'écria-t-il, je vais te faire voir quelque chose à quoi tu ne t'attends guère.

Et quatre à quatre, comme un fou, il s'élança dans l'escalier de la tour.

— Mon ami, vous ne m'aviez pas parlé des armoiries qui sont au sommet de notre donjon? dit la commandante, après avoir contemplé avec componction l'œuvre du jeune homme au ruban violet.

— Quelles armoiries? demanda Laripète. Je n'ai rien vu de semblable.

— Je vous demande pardon, Onésime. Regardez bien au sommet de la tour : tous les créneaux sont à jour et se suivent en laissant entre eux un vide égal, sauf deux qui sont reliés par un plein dont je distingue mal la décoration, mais qui est certainement, qui ne peut être qu'un écusson.

— C'est, ma foi, vrai! je ne l'avais pas vu moi-même, dans ma visite à notre château.

— Vous êtes si léger, Onésime!

— Mais avec le titre et le nom, est-ce que nous avons le droit de prendre les armes des Braque-Tonnerre?

— Comment donc! ignorant que vous êtes! Tout cela va ensemble! c'est un lot. Seulement, je voudrais bien savoir ce que ce blason représente et personne ici n'est assez savant pour nous l'expliquer.

— Vous vous trompez, Olympe. Nous avons maintenant un instituteur laïque, M. Troussefessard, qui est, paraît-il, un puits de science et doit connaître l'art héraldique sur le bout de son doigt.

— Allez donc le trouver bien vite, avec cette

photographie. J'ai hâte de savoir de quoi nous portons et s'il y a de la gueule dans notre affaire.

Et, toujours obéissant, le digne Laripète s'en fut trouver à l'école M. Troussefessard qui était en train de confectionner un filtre à cidre avec le chapeau d'un des frères ignorantins expulsés.

Le magister n'eut d'ailleurs, nous devons le reconnaître, pour l'honneur du ministère de l'instruction publique, aucune hésitation.

— Ce blason, dit-il avec autorité, représente tout simplement, sur champ de sable, un cœur, la base en bas, et la pointe en l'air, surmontée d'un panache blanc. Et il ajouta : Je crois me rappeler, en effet, que c'étaient bien là les armes des Braque-Tonnerre.

— Et la devise? demanda Laripète ahuri de tant de science. Je voudrais une belle devise.

— La devise, je ne puis la lire, mais prenez donc celle-ci, continua M. Troussefessard : *Cor super manus!* « Le cœur sur la main. » Cela vous va comme un gant, commandant, à vous qui êtes rond comme une balle en affaires.

— Va pour *Cor super manus!* s'écria celui-ci. Instituteur laïque, gratuit et obligatoire, vous recevrez demain douze bouteilles de mon meilleur bordeaux!

Et il s'en fut, chantant par les rues, sur tous les airs joyeux: *Cor super manus! Cor super manus!*

La commandante ne fut pas moins ravie que lui.

Huit jours après, tous les mouchoirs, toutes les serviettes, toutes les nappes de la maison, les portières de la voiture et les assiettes du buffet portaient, sur champ de sable, un cœur, la base en bas et la pointe en l'air, surmontée d'un panache blanc, le tout ceint d'une banderole avec ces mots fatidiques : *Cor super manus!*

— Il faut nous faire faire un cachet pour notre correspondance, dit un jour Olympe. Mais il faut choisir un véritable artiste pour le graver d'après la photographie.

Et le vertueux Laripète s'en fut, en effet, trouver le plus fameux graveur du Palais-Royal, toujours muni de l'œuvre du jeune homme au ruban violet et accompagné, cette fois-là, par la commandante qui voulait elle-même faire les dernières recommandations à l'exécutant.

Celui-ci, après avoir gravement posé la photographie sur une table, prit une puissante loupe pour mieux déchiffrer le véritable écusson des Braque-Tonnerre. Mais à peine eut-il approché l'instrument grossissant du papier qu'il devint rouge comme un panier de cerises de Montmorency et ouvrit une bouche étonnée dans laquelle on aurait pu jouer au tonneau.

— Vous trouvez-vous indisposé, monsieur? demanda la commandante avec intérêt.

— M. Troussefessard se serait-il trompé? hasarda le commandant.

— Regardez vous-même! continua le tailleur de pierres fines.

Et, comme Mme Laripète s'élançait vers le microscope :

— Non, madame, pas vous! fit-il avec un embarras mal contenu.

Mais l'intrépide Olympe tenait déjà le verre. Elle y porta l'œil et ne put retenir un : « Ah! mon Dieu! quelle horreur! » qui fit trembler le vitrage.

Qu'avait-elle vu?... que vit après elle le commandant ?... Ma foi, devinez si vous pouvez. Rappelez-vous seulement que le père Antoine avait escaladé la tour jusqu'au sommet au moment où l'élève de M. Pierre Petit avait prononcé mentalement le traditionnel : Ne bougeons plus ! sans lequel on n'a jamais réussi un cliché. Ce qu'il avait montré, entre deux créneaux, mettez-y le nez, si vous voulez. Sachez seulement que le pan de derrière de sa chemise avait flotté

Sur les humides bords du Royaume des Vents,

comme dit un vers heureux de La Fontaine. C'est cette lingerie en délire que M. Troussefessard avait prise pour un panache blanc. Quant au cœur renversé, il s'était trompé plus encore...

Ah ! le coup fut rude. Plus d'armoiries et la devise devenue inapplicable !

M. et Mme Laripète de Braque-Tonnerre faillirent en faire une maladie.

Seul, cet infâme Le Kelpudubec eut le cynisme de faire des plaisanteries sur le malheur de ses amis, ceux-ci lui ayant imprudemment confié leur mésaventure. Il n'eut pas assez de railleries indécentes à ce sujet.

Lui parlait-on de la noblesse de M. et Mme Laripète de Braque-Tonnerre ? Lui demandait-on si c'était une noblesse de robe ?

— Non, noblesse de chemise simplement, répondait-il, en grossier qu'il est.

Il disait aussi que le commandant et sa femme avaient des armes *parlantes*.

Enfin un jour où un indiscret lui demandait la description de leur blason :

— Mon Dieu, répondit-il, de vous à moi, je crois qu'en fait d'écu, les pauvres gens n'ont jamais vu que celui du père Antoine !

TABLE

LE FILLEUL DU DOCTEUR TROUSSE-CADET

		Pages
I.	— Une Vocation...........................	1
II.	— Premières amours......................	13
III.	— Le Moineau de Lesbie.................	25
IV.	— Le Caniche en goguette...............	33
V.	— La Culotte de Nessus..................	45
VI.	— Le Cas de Mme Beaudurand...........	57
VII.	— Erreur n'est pas compte...............	67
VIII.	— Le Bouillon du colonel.................	77
IX.	— Lunatiques propos.....................	87
X.	— La Fausse Diane........................	95
XI.	— Le Chemin des grandeurs.............	105
XII.	— Femmes du monde.....................	117
XIII.	— Histoire de revenants..................	129
XIV.	— Nuit agitée..............................	139
XV.	— Jeu dangereux..........................	151
XVI.	— Joyeusetés provinciales...............	163
XVII.	— Le Bain de Suzanne....................	173
XVIII.	— Le Beau-Père...........................	183
XIX.	— Le Rendez-vous........................	195
XX.	— Le Bœuf à la mode.....................	205

TABLE DES MATIÈRES

LES NOUVEAUX MALHEURS DU COMMANDANT LARIPÈTE

		Pages
I.	La Ceinture des grâces	219
II.	Souvenir de campagne	231
III.	Le Marchand de babouches	241
IV.	Le Vin de la lune	251
V.	La Trompette de Jéricho	261
VI.	L'École des grandeurs	269
VII.	Méchanceté punie	279
VIII.	L'Éducation des filles	289
IX.	Manœuvres électorales	299
X.	L'Écusson de Braque Tonnerre	307

Châteauroux. — Typographie et Stéréotypie A. MAJESTÉ